ÉMILE NEGRIN

GRAMMAIRE

FRANÇAISE

DES

GENS DU MONDE

édition princeps

NICE

A L'IMPRIMERIE ADMINISTRATIVE

RUE DU PONT-NEUF, 9.

(Décembre 1864)

GRAMMAIRE FRANÇAISE

Ouvrages d'Émile Negrin

Contes Franks, † — Silouette du jardin public de Nice, 50 c. — Poésies, troisième édition, 3 fr. 50 c. — Les Promenades de Nice, troisième édition illustrée, 2 fr. — Grammaire Française des gens du monde, 1 fr. — De la fixation de la langue Française, 50 c. — Traité des majuscules, 75 centimes.

Dictionnaire réciproque. — Discordances de la langue Française. — Fleur des mers. — Les Remarques d'un paresseux. — Contes mi-Gaulois. — Contes Gaulois, édition infernale, sur papier rouge — Les Promenades de Cannes, édition illustrée — Du droit naturel et du droit écrit.

EMILE NEGRIN

GRAMMAIRE

FRANÇAISE

DES

GENS DU MONDE

édition princeps

NICE
A L'IMPRIMERIE ADMINISTRATIVE
RUE DU PONT-NEUF, 9.

(Décembre 1864.)

ÉPIGRAPHES ET PRÉFACE

Voltaire relisait sa grammaire chaque année.
Les écrivains n'ont commencé à dédaigner la grammaire que lorsqu'ils ont commencé à se faire marchands de lignes.
Il n'y a que les pauvres esprits qui traitent le français de langue pauvre.
Hors de la grammaire pas de salut.
Le néologisme, ce crime littéraire, n'est qu'une marque d'impuissance : quand on ne peut pas faire un bon mot, on fait un mot nouveau.
Le journalisme est le poison lent de la langue Française.
Ma femme, ma liberté et ma langue, voilà mes trois plus chères amours.
On naît poète, on devient littérateur, mais on se croit journaliste.
Généralisez la cédille et le tréma, supprimez quelques bizarreries d'orthographe, ajoutez un signe grammatical ; et le français devient la plus belle langue que les hommes aient jamais parlée.
Il y a pour moi un plaisir plus grand que celui de me voir signaler une faute dans mes ouvrages, c'est le plaisir de la corriger.
On ne sauvera la langue Française du gouffre où la pousse le journalisme, qu'en envoyant aux mêmes prisons ceux qui transgressent la grammaire et ceux qui transgressent la loi.
Le français est la seule langue qui se prête aux délicatesses infinies de l'esprit; on peut être vif, éloquent, sublime dans les autres idiômes; on n'est spirituel qu'en français.
Je déclare ne pas connaitre de langue étrangère, vu ma qualité de Français.
L'orthographe est le critérium du savoir.

J'avais pensé que la meilleure manière de surmonter les innombrables difficultés de l'art d'écrire, est de vérifier et de classer soi-même ces principes de grammaire qu'on a si peu compris au collége, parcequ'ils ressemblent si souvent à des pensums. Et je m'étais mis à éparpiller la hotte des petits journaux pour en extraire les chardons, à déplier les grandes feuilles politiques pour y cueillir les solécismes, à parcourir nos auteurs estimés pour observer en eux quelques taches, rares comme les taches du soleil.

De cet apprentissage laborieux est résulté pour moi un commencement de connaissance de la langue ; et je gardais dans mon esprit un certain nombre d'observations.

Malheureusement j'ai causé linguistique chez quelques amis. Ils ont daigné approuver plusieurs simplifications d'orthographe que je crois possibles, plusieurs définitions que j'ai trouvées, à force d'y songer la nuit ; et ils me poussent à publier cet opuscule. En vérité, ils peuvent ne pas avoir tort.

Il y a mille grammaires pour les commençants, une douzaine de grammaires colossales pour les savants ; mais où est le mémento grammatical pour l'homme du monde ?

En Espagne, peutêtre, parmi les chateaux.

Jusqu'à présent les grammaires ont été faites par des gens qui n'étaient pas littérateurs, avec l'approbation de gens qui ne l'étaient guère, et à l'usage de gens qui ne l'étaient pas du tout. Aussi, il m'a paru assez nouveau de composer un ouvrage scolaire avec mon titre seul de poëte.

Plus de termes techniques inutiles ; plus de ces crispantes divisions qui, sous prétexte de syntaxe et à propos d'un même mot, vous ballottent d'un bout du volume à l'autre ; plus de confusion dans le classement ni dans le numérotage des règles.

Or, j'appelle règle toute prescription respectée de la généralité des grands écrivains, et approuvée de toutes les personnes de gout. Il est essentiellement ridicule de vouloir, comme les grammairiens l'ont fait jusqu'ici, qu'une faute échappée, une fois, par hazard, à quelqu'un de nos prosateurs célèbres, vienne constituer une exception.

Cela dit, que les éloges échéent à mes amis, si je rencontre des éloges ; mais, si j'excite la critique, qu'elle veuille bien ne s'en prendre qu'à moi.

Juillet, 1864.

CHAPITRE I

PRÉLIMINAIRES

La grammaire est la science de la langue.

Toutes les grammaires de tous les pays, passées et présentes, commencent ainsi : « la grammaire est l'art de parler et d'écrire correctement ». C'est une erreur.

J'appelle science toute partie des connaissances humaines dont l'étude amène des résultats certains.

J'appelle art toute partie des connaissances humaines dont l'étude amène des résultats incertains.

La géométrie est une science, parceque, sachant les huit livres du traité de Legendre, on les sait comme les savait Arago.

La peinture est un art, parceque, sachant mêler les couleurs comme Delacroix, on peut cependant ne pas peindre des tableaux qui égalent les siens.

Ainsi que le mot le dit, la science (*scire*) est acquise uniformément à l'humanité, tandis que l'art reste personnel. Tous les professeurs de mathématiques se valent, tous les joueurs de violon ne se valent pas. Il existe une différence à peu près de ce genre, entre l'instinct et l'intelligence ; et c'est la même raison qui fait dire : la science chirurgicale, l'art médical.

En conséquence, la grammaire est une science, parceque celui qui en connait toutes les règles, écrit et parle aussi correctement qu'un académicien ; la rhétorique est un art, parceque celui qui en connait tous les préceptes, ne peut cependant improviser les discours de Berryer.

Pour résumer en deux mots, la grammaire est la science de la langue, et la rhétorique est l'art du langage.

Toute langue se compose de mots, associés d'après les règles de sa grammaire.

Tout mot représentant une idée se compose d'un ou de plusieurs sons de voix, appelés syllabes.

Pour figurer graphiquement les syllabes, on se sert de signes appelés lettres.

De même que l'arithmétique possède neuf chiffres effectifs et un chiffre sans valeur propre (zéro), de même la langue Française possède vingt-quatre lettres effectives et une lettre sans valeur propre (hache).

De ces vingt-quatre lettres, six représentent cinq variations de la voix humaine :

a e i ou y o u;

et on les nomme voyelles pour cette raison. Deux autres variations de la voix humaine, n'ayant pas de lettre particulière dans notre langue, sont exprimées de la manière suivante :

eu ou.

Dix-huit autres lettres, ne servant qu'à modifier les sept sons ci-dessus, ont, à cause de cela, reçu le nom de consonnes; ce sont :

b cou q ou k d f g j l m n p r s t v x z.

Ces mêmes sept sons peuvent éprouver trois autres modifications que, faute de consonnes simples, on note avec les assemblages de lettres suivants :

gn ch ll.

Les assemblages *rh*, *th* et *ph*, simples duplicatas de *r*, *t* et *f*, sont un tribut payé inutilement aux étymologistes.

La France a 36 millions d'habitants. Sur ce nombre, 35 millions 500 mille ne soupçonnent pas même l'existence du grec ; les autres, dans leur jeune age, à force de fatiguer les dictionnaires, sont parvenus à comprendre tout le contraire de ce qu'ont dit Démosthènes et Platon ; dix à douze savants lisent le grec à livre ouvert. Eh bien ! c'est pour faire plaisir à cette douzaine de citoyens, que notre langue est grévée du *rh*, du *th* et du *ph*.

Aussi c'est ordinairement à ces trois signes composés que s'en prennent les détracteurs du français.

Certes, je suis loin de blâmer ces derniers. Il est évident que les personnes lettrées d'Italie, d'Espagne, de Portugal et de tant d'autres pays, savent comme nous que *philosophe* vient de φιλος σοφος et cependant elles ont le bon esprit d'écrire *filosofo*; nous-mêmes, en dépit du φ originaire, nous avons déjà commencé à écrire *flegme*, *flegmon*, *flegmatique*; et je battrai des pieds et des mains le jour où l'Académie agira partout avec le même "*flegme*".

Cependant le mal n'est pas si grand, car il suffit de prévenir les étrangers que *rh* vaut *r*, *th* vaut *t*, et *ph* vaut *f*; c'est une fausse richesse, voilà tout.

Deux signes pour le même son ne sont que superflus; deux sons avec le même signe sont un véritable malheur.

La dernière lettre *h* sert à empêcher les liaisons en tête des mots :

le héros, les haricots, le homar.

On a toujours eu tort de dire qu'elle marque l'aspiration. L'aspiration n'existe pas dans notre langue.

On la met aussi, par pure déférence pour l'étymologie, en tête de certains autres mots où elle est inutile : *l'histoire, l'homme, l'hôtel.* Il serait à désirer qu'on pointât le hache répulsif pour le distinguer de ce hache inutile ou muet : *le ·héros, les ·haricots, le ·homar.*

Toutes les lettres d'une langue, rangées par ordre invariable, constituent l'alphabet de cette langue.

Voici, avec leur prononciation naturelle, l'arrangement habituel de nos 24 lettres et de notre hache :

a	BREF	a	*papa, ta, café.*
	LONG	â	*pâtre, pâte, mâture.*
b		be	*herbe, batelier, abside, Absalon, Job, radoub.*
c		ke	*capitaine, clé, cran, roc, pic, lac, bouc, confiseur, cuistre, croc, fisc coco.*
d		de	*addition, Bagdad, code, adjacent, djin.*
e	MUET	e	*foie, gaiement.*
	FAIBLE	e	*petite, tante.*
	FERMÉ OU BREF	é	*bonté, vérité, thé.*
	OUVERT OU LONG	è	*succès, pêche, prenne, casquette.*
f		fe	*serf, canif, facile, fou, soif, flacon.*
g		gue	*joug, gare, grog, glapir, gond, gout, gant, gui, guttural, gnome, Agde, gris.*

h	RÉPULSIF		le homar, les haricots.
	MUET		l'homme, l'hygiène.
i	BREF	i	épi, petite, digitigrade.
	LONG	î	gîte, épître.
j		je	jars, jeter, joujou.
k		ke	cok, kiosque, kermesse, Danemark, cheik.
l		le	lac, Abel, civil, soul.
m		me	Cham, Abraham, miroir, quidam, madapolam.
n		ne	Nann, bon, on, nid, flan, Tarn.
o	BREF	o	mode, synode, vertigo.
	LONG	ô	apôtre, le nôtre, motion.
p		pe	cep, apte, Papin.
q		ke	coq, quadrige, quadrature, quious, questure, cinq.
r	DOUX	re	père, mère, vocabulaire.
	FORT	rre	guerre, tonnerre, fer, mer.
s		se	legs, sensuel, laps, blocus.
t		te	fat, dot, tâter, Tityre, tact.
u	BREF	u	culbute, cubique.
	LONG	û	flûte, levûre.
v		ve	Lovelace, vu, vinaigre.
x	DOUX	gze	Xavier, Xénophon, xyste.
	FORT	cse	Alexandre, Bruxelles, xiphias, préfix.
y	SIMPLE	i	style, y, hymne, yatagan.
	DOUBLE	ii	moyen, pays, noyade.
z		ze	Suez, horizon, zéphyr.

Dire qu'il existe encor des professeurs qui enseignent aux étrangers à prononcer *éffe, élle, émme, énne, ku,* etc ; ce qui amène ceux-ci à dire *iélle éffit émméettaénegér* pour *il fit mélanger,* et à faire avec le mot *coq* un impertinent calembourg. Pauvres étrangers !

Voici maintenant la prononciation des voyelles et des consonnes qui n'ont pas de signe particulier :

eu	deux, peu.	gne	chataigne, cognac.
ou	pou, Pérou.	ll	famille, fille.
ch	cheval, chat.		

Les grammairiens comptent parmi ces voyelles les syllabes *an, in, on, un* qui se composent de la voyelle simple et de la consonne *n*. Pourquoi pas alors *en, én, oun, ién, eun, ian, oin,* etc ? pourquoi pas *am, om, ém, im,* etc ? pourquoi pas *ab, ob, ib,* etc ? en un mot pour-

quoi pas toutes les voyelles modifiées par une consonne placée après ?
Disons seulement que par abus *in* final se prononce en français
comme *in* (*chemin, païen*) et que *un* final se prononce comme *eun*
(*chacun, à jeun*).

Chez certains grammairiens on voit quelque chose de plus joli :
c'est la consonne *ll* écrite *ill*. Comprenez-vous une consonne qui
contient une voyelle ? Comprenez-vous le mot *famille* scandé *fam ille* ?
ou *fille* scandé *f ille* ?

Quelques fois deux voyelles se prononcent en une seule émission de voix ; on peut les appeler bivoyelles :

ia	*diacre, viande.*	ui	*lui, juin.*
aï	*Biscaïe, portail.*	oui	*ouistiti, fenouil.*
io	*viole, pion.*	iou	*garde-chiourme.*
oi (oua)	*loi, foin.*	oua	*pouah! pouacre.*
ieu	*lieu, milieu*	oué	*fouéter, couenne.*
eui	*seuil, effeuilla.*	ouen	*Rouen, Ecouen.*
ié	*pitié, amitié.*	ué	*équestre, écuelle.*
ei	*corneille, orteil.*	oé	*poêle, goéland.*
iu	*Caïus, Laïus.*	iéi	*vieillesse, vieillard.*

Quelques fois aussi deux consonnes agissent simultanément sur une voyelle ; on peut les appeler biconsonnes :

*bl br cl cr fl fr gl gr pl pr dr tr vr st str
sc scr sp spl ps.*

Là devrait et pourrait se borner le mécanisme de notre langue écrite. Dans huit jours, au bout de huit leçons, toute personne aurait appris à lire. Jugez-en.

1re LEÇON, VOYELLES :

a e i ou y eu ou o u.

2e LEÇON, BIVOYELLES :

ia aï io oi ieu eui éi ié iu ui oui iou oua oué ouen ué oé.

3e LEÇON, CONSONNES :

*b c ou q ou k d f g j l m n p r s t v x z
gn ch ll. et le haché.*

4e LEÇON, BICONSONNES :

*bl br cl cr fl fr gl gr pl pr d tr vr st str sc scr.
sp spl .*

5ᵉ LEÇON, VOYELLES OU BIVOYELLES PRÉCÉDÉES DE CONSONNES OU DE BICONSONNES :

ba di tu co ria fié doui bla dri blié plui.

6ᵉ LEÇON, VOYELLES OU BIVOYELLES SUIVIES DE CONSONNES OU DE BICONSONNES :

ac on id ef iéc iod abl ocr offl iébl an un oun.

7ᵉ LEÇON, VOYELLES OU BIVOYELLES PRÉCÉDÉES ET SUIVIES DE CONSONNES OU DE BICONSONNES :

loc dur blas glap siécl clout loup cidr Tarn.

8ᵉ LEÇON, MAJUSCULES ET SIGNES GRAMMATICAUX.

Cette leçon pourrait se fondre dans les autres.

Hélas ! Il n'en est pas ainsi. Sans raison aucune, les mêmes signes ont peu à peu servi à exprimer des sons différents, et les mêmes sons ont été notés avec des signes dissemblables. Les exemples de cette anomalie abondent :

c prend le son de s devant i et e : *durci, innocence, cétacé, succès, abcès,* etc. Pourquoi pas la cédille au lieu de cette exception ?

g prend le son de j devant i et e : *régime, juge, protégé,* etc. Ce son adouci, pour n'avoir pas été indiqué par la cédille, entraîne l'interposition d'un u, quand on veut rendre au g sa prononciation naturelle ; exemples : *guide, guerre,* etc.

e prend le son de a dans une foule de mots : *prudent, enseigne, empereur, en, femme,* etc.

t prend le son de s dans plusieurs cas : *nation, martial, initié,* etc.

s prend le son de z souvent dans le corps des mots, et toujours à la fin des mots en liaison avec les voyelles suivantes : *maison, poison, des hommes aimables,* etc.

y tient lieu de deux i, entre deux voyelles : *citoyen, noyades,* etc.

u sonne comme o dans *album, rhum,* etc.

gn se scinde dans *gnome, gnostic,* etc.

ch se change en k dans *choléra, choriste,* etc.

ll a le son d'un seul l dans *ville, tranquille,* etc.

é s'écrit aussi ait et ai ; ès s'écrit ais ; o s'écrit au ; et q, à cause de son origine latine, est toujours suivi d'un u inutile : *quiproquo, quiconque,* etc.

Si encore on s'en était tenu là ! Mais l'usage a sanctionné ou introduit une série de prononciations extravagantes qui sortent et des règles et des exceptions des règles.

Et d'abord, cet être métaphysique qu'on appelle Usage, qu'on oppose à chaque instant à tout raisonnement sain et plausible, qui enchaîne les plus grands esprits, qui sanctionne et qui crée, quel est-il donc?

En vérité, pour répondre, il suffit d'être allé six mois au collège. Dans une classe de cinquante élèves, trois sont intelligents, cinq se maintiennent, et tout le reste patauge. Il en est de même dans la société. Une poignée d'hommes sont intelligents, et tout le reste constitue la pauvre humanité : c'est ce dernier gros bataillon qu'on appelle monsieur Usage.

Laissez-moi vous citer un exemple.

Un sot quelconque a mis, dans une adresse, le numéro de la maison avant le nom de la rue, la charrue avant les bœufs, le manche avant la cognée ; monsieur Usage s'est empressé d'adopter cette belle invention ; et avant dix ans, grâce à lui, la sottise sera devenue la règle.

Il serait bientôt temps que les littérateurs et les grammairiens, eux qui font les livres et les grammaires, cessassent d'obéir à monsieur Usage. Est-ce que sous prétexte que le même monsieur Usage persiste à pendre les noyés par les pieds, on a jamais vu les médecins adopter cette manière d'agir? A coup sûr, si les trop répandus Noël et Chapsal avaient proclamé que *dissoute* est le féminin de *dissout*, la France entière en ce moment aurait fini d'orthographier niaisement *dissous*. Osez dire le contraire.

Ainsi l'usage veut

que o ne se prononce point dans *paon*, *Laon*, etc. ;

que é et e s'écrivent œ dans *fœtus*, *œuvre*, etc, comme si *fétus* et *euvre* n'étaient pas à même de se passer de ce signe hermaphrodite, de même que *prénom* et *préférence* se passent depuis longtemps du œ ;

que eu sonne u dans *j'ai eu* ;

que a devienne nul dans *aoriste*, *août*, etc.

J'en tais et des plus ridicules.

Outre sa forme ordinaire qu'on appelle minuscule, chaque lettre a une forme plus développée qu'on appelle majuscule et qu'on n'emploie que dans certains cas :

A B C D E F G H I J K L M N etc.

Il y a aussi plusieurs genres de lettres, le genre Romain qui est celui dont nous venons de nous occuper, le genre Italique, le genre Gothique, le genre Anglais, le genre rond, le genre bâtard, le genre illustré, etc; chaque genre a ses majuscules et ses minuscules.

EMPLOI DES MAJUSCULES

Règles   I, d'après les principes

1   On met une majuscule en tête de tout nom propre et de tout adjectif propre : *

la Seine, Paris, la vierge Marie, le Poussin, au Poussin, à la Mathilde, les Pyrénées, la France, les Carrache, le département des Alpes-maritimes, c'est un Lovelace, mer Caspienne, alliance Franco-Sarde, verve Rabelaisienne, peuple Français, les champs Elysées des anciens, îles Ioniennes, golfe Arabique, gomme Arabique, cap Breton, mœurs Bretonnes, la cité Phocéenne.

2   Comme conséquences naturelles, on place la majuscule premièrement, devant tout nom commun mis sans périphrase à la place d'un nom propre :

Sans p'riphrase	Avec périphrase
le Créateur, le Tout-puissant, le Très-haut.	*le créateur de toutes choses, ton créateur adoreras, celui qui est tout puissant.*
Sa Sainteté nous bénit, Sa Majesté est venue, Son Excellence a signé, j'implorerai Notre Dame.	*la mère des affligés, le vainqueur de Lodi, le père éternel, l'auteur des GUÊPES, le chantre d'Énée, l'auteur de la nature.*

3   secondement, devant tout nom commun de chose personnifiée :

Personnifié	Non personnifié
l'Envie agitait ses serpents, le Nord est plus laborieux que le Midi, l'Orient s'est endormi dans l'opium.	*l'envie est un vice, les gens du nord, les pays du midi, les feux de l'orient.*

* Pour connaitre à fond l'emploi logique et usuel des majuscules, voyez mon récent TRAITÉ DES MAJUSCULES.

troisièmement, devant tout nom et tout adjectif communs, 4
pris dans un sens propre :

Sens propre	Sens commun
cap des Tempêtes, constellation du Taureau, le règne de la Terreur, le vaisseau le Vengeur, les CONFESSIONS de Rousseau, l'Esprit saint, le Céleste empire, la mer Rouge, le pont Neuf, la rue Neuve.	une série de tempêtes, une couple de taureaux, la terreur qui règne, le vengeur de son père, il a entendu les confessions, c'est un esprit vraiment religieux. les dévots parlent toujours de l'empire céleste, une mer rouge de coraits, le pont Solférino est un pont neuf.

On met, en second lieu, la majuscule devant certains noms 5
communs pris dans une acception absolue :

l'Académie,	c'est à dire,	l'académie de France par excellence.
les Boulevards,		les anciens boulevards de Paris.
la Révolution,		la révolution Française de 1789.
le Consulat, l'Empire,		le consulat, l'empire de Napoléon I.
les Ecritures,		les écritures saintes ou la bible.
Dieu,		le dieu par excellence.

N'inférez pas de là qu'on a le droit d'écrire la Préfecture, le Cours, la Mairie, l'Hôtel de ville, la Cathédrale, etc, sous prétexte que dans chaque ville il n'y a qu'une mairie, qu'une préfecture, etc, car il n'y a le plus souvent de même qu'une boucherie, qu'une rivière, qu'une horloge, etc; or ce sont autant de noms essentiellement communs.

On s'est assez moqué des grammairiens qui enjoignaient de mettre la majuscule aux noms de choses uniques comme l'océan, l'enfer, le sud, le ciel, janvier, avril, la musique, la géométrie, un protestant, un catholique, la bible, etc.

Moquons-nous un peu aussi de ceux qui la mettent aux mots à double sens, tels que facultés de Strasbourg, conseil municipal, etc. qu'on ne doit pas confondre avec facultés de l'âme, conseil amical, etc. En effet, sur ce terrain on irait loin, car il faudrait la mettre à été verbe, bière boisson, etc, pour distinguer ces mots de été saison, bière cercueil, etc.

Moquons-nous surtout de ces gens qui, beaucoup plus courtisans que lexicographes, mettent la majuscule aux titres et aux formes de gouvernement. Où voient-ils là des mots propres ou des mots pris dans un sens propre? Écrivez uniformément: monsieur, madame, sire, *monsieur le baron Gros, son excellence monsieur le ministre Duruy, la chambre des pairs, le sénat, sa majesté Napoléon, le roi est venu, le gendarme est venu, l'empereur est passé, le commissaire central est passé, l'impératrice Eugénie, le grand duc de Russie, le grand lama, le père Bourdalou, les frères ignorantins, le préfet de Nice,* etc.

Sinon, dès l'instant que des individus s'appellent Roi, Juge ou Empereur, comment distinguer *Napoléon empereur* de *Napoléon Empereur? Ernest juge* de *Ernest Juge?* D'autre part, si vous écrivez *Monsieur Bernard,* pourquoi n'écrivez-vous pas *Maître Bernard, Lord Bernard, Patron Bernard? maître, lord, patron, monsieur,* ne sont-ils pas des titres au même degré?

6   On doit, en troisième lieu, mettre la majuscule aux particules honorifiques.

Autrefois *comte de Villeneuve* était un véritable génitif comme *seigneur de Villeneuve, maire de Villeneuve, propriétaire de Villeneuve;* aujourd'hui *duc De Malakoff* n'a plus le même sens. Les noms *De Béranger, De Balzac, De Malacoff, De Rostchild* n'éveillent aucune idée d'un pays appelé Malakoff ni Rotschild ; ce sont de simples noms propres composés comme *Le Sueur, Des Fontaines ;* ils doivent donc suivre la même règle. De la sorte on n'est pas exposé à confondre *Théodore De Banville* avec *Eugène de Mirecourt ;* on distinguera les *de* dans *les* MÉMOIRES *de De Thou, Jeanne D'Arc d'Orléans ;* on fera une différence entre *la veuve de Pauw* et *la veuve De Pauw ;* on suivra l'exemple des étrangers qui écrivent *O Connel, O Méara, Van Huysum, Van Loo,* etc.

II. d'après l'usage

7   En dehors de ces trois emplois logiques, on met encore la majuscule au commencement de tout paragraphe distinct par le sens, de toute phrase, et de tout vers.

Ici comme partout l'abus s'est glissé. On a pris l'habitude blâmable de mettre une majuscule après la parenthèse ouverte, et après les deux points qui précèdent un mot cité. La phrase n'étant pas finie, il est mieux d'écrire sans grande lettre :

Quelques auteurs ont dit de La Fontaine : « *c'est un fablier qui porte des fables* ».

Germain (avais-je dit qu'il s'appelait Germain ?)

On a gardé aussi la mauvaise habitude de mettre en majuscules les initiales isolées de certains mots. Ce genre d'abréviation avait sa raison d'être au moyen âge, où les parchemins coûtaient cher, mais avec le papier de chiffons et la presse mécanique, ce n'est plus qu'une ladrerie. C'est aussi une inconséquence, car on arrive à à octroyer la majuscule à des noms parfaitement communs comme *numéro, docteur, exemple, compagnie*, etc. C'est encore une cause de confusion, car comment distinguerez-vous *M Bernard (Marius Bernard)* de *M Bernard (monsieur Bernard)?* comment *M M Bernard (monsieur Marius Bernard)* de *M M Bernard (messieurs Bernard)?*

Si on tient absolument à conserver cet emploi des initiales isolées, on peut les réserver aux titres et les écrire en médiuscules ; ce qui tranche la question et flatte assez les yeux du lecteur.

Exemples: M *M Bernard*, Mme *Durand*, Mlle *De la Vallière, les* RR PP *oblats*, MM *les conseillers*, S S *le pape Pie IX*, LL MM *l'empereur et l'impératrice*, S E M *le ministre de l'instruction publique*.

EMPLOI DES CARACTÈRES

On écrit en italiques tout ce qui n'est pas français, par conséquent les mots étrangers, les néologismes, les archaïsmes et les fautes signalées.

On met entre virgules renversées ou entre secondes géométriques, les mots qui dans les manuscrits sont soulignés comme formant calembourg, allusion, etc.

On écrit en toutes médiuscules du texte les titres de livres, de pièces dramatiques et de journaux.

On devra par suite écrire de la même manière : *j'ai acheté un* VIRGILE *du 15ᵉ siècle, je possède un* HORACE *d'Elzévir*; et au besoin : *la fable des* DEUX PIGEONS, *le chapitre de l'*ÉMANCIPATION.

Les titres de tableaux et de sculptures doivent s'écrire en caractères différents de ceux du texte (classiques, capillaires, bretonnes ou petites normandes).

Si la pénurie de l'atelier force dans ce cas à se contenter de l'italique, on devra la conserver, quand le nom propre d'homme est synonyme de toile; exemple : « j'ai vu la fameuse *Descente de croix* de Daniel de Volterre; j'ai acheté un *Hobbema* et un *Rubens* magnifiques ».

13   Les noms propres de navires doivent s'écrire avec une simple majuscule comme ceux de chiens, de chevaux, de villas, etc:

« à bord du Vengeur, le vaisseau le Redoutable, le bateau la Rosalie, la chaloupe le Saint-Pierre, la frégate la Méduse. »

SIGNES GRAMMATICAUX

Les lettres n'ayant pas suffi pour constituer l'écriture, on a encore imaginé les signes grammaticaux, qui servent à préciser les mots et la succession des idées.

I. signes ayant rapport aux mots

L'apostrophe (') est un petit signe qui sert à marquer la suppression du e muet.

Dans la poésie populaire l'emploi de ce signe est général :

C'est trois livr's douz' sous qu' ça n.' cout'ra :
U n' vestale vaut ben ça.   *Saugiers*

14   Dans le style ordinaire le e final seul se supprime et ne se supprime que devant les voyelles ou les *h* inutiles (sauf l'adjectif féminin *grande*, *grand' faim*, *grand'mère*, etc) ;

et encore, cette suppression n'a lieu que pour les monosyllabes :

le	tu l'aimes.	(Placés après le verbe les pronoms *le*, *je*, *ce* ne s'élident jamais :
je	j'irai.	
me	donnez-m'en.	
te	elle t'adore.	Aime-le assez, irai-je à Cannes? est-ce ainsi que vous faites ?
se	ils s'empressent.	
que	je veux qu'il le fasse.	
ne	il n'arrive pas.	L'article ne s'élide pas non plus devant *oui*, *onze*, les voyelles isolées et *un* en tant que substantif.)
ce	c'est vous qui viendrez.	
de	d'apprendre, d'habiter.	
le	l'homme, l'amour.	

et pour six autres mots qui perdent le e final seulement devant des monosyllabes et les adverbes *ici*, *aujourd'hui* :

lorsque	lorsqu'il, lorsqu'elle, lorsqu'on, lorsqu'un
jusque	jusqu'à, jusqu'en, jusqu'ici.
puisque	puisqu'on, puisqu'il, puisqu'un.

quoique   *quoiqu'il, quoiqu'elles, quoiqu'en.*
quelque   *quelqu'un, quelqu'une.*
parceque   *parcequ'un jour, parcequ'il*

On ne met plus aujourdhui l'apostrophe dans les sublantifs *entracte, prudhomme ;* ni dans les verbes *entre-aider, entre-hiverner,* etc ; ni dans le mot *presquile,* synonyme de *péninsule.*

On a étendu l'usage de l'apostrophe à la voyelle *a* du pronom *la* et de l'article *la,* devant les verbes et les noms qui commencent par une voyelle ou un *h* inutile :

je l'ai aimée.	(Après le verbe le pronom
je l'habite.	*la* ne s'ellide point :
l'odeur.	*prenez-la et allez-vous en,*
l'honnêteté.	*rendez-la habitable.*).

et une seule fois à la voyelle *i* du mot *si,* devant *il* :

s'il vient, s'ils veulent, s'il y consent.

La cédille (ç) est un petit signe qu'on place sous certaines lettres dures pour y donner le son des lettres douces correspondantes :

maçon, reçu, qu'ils aperçoivent.

Ai-je besoin de faire ressortir le parti qu'on pourrait tirer de cette nouvelle définition qui est la vraie? Mes lecteurs ne voient-ils pas tout de suite que, placée sous le *t,* le *s* et le *g,* quand ces lettres ont le son du *s,* du *z* et du *j,* la cédille généralisée ferait disparaître nos plus grandes difficultés de prononciation?

Les étrangers ne se reconnaîtraient-t-ils pas immédiatement au milieu des mots *amitiés, initiés, nous portions des portions, parasol, masure, manger, mangea, ville, fille,* etc.?

Le tréma (¨) est un petit signe qu'on place sur l'une de deux lettres habituellement réunies pour les rendre indépendantes dans la prononciation :

naïf, Saül, ambigüité, aigüe, j'argüe, il argüa, Biscaïe, baïadère, faïence, égoïste, baïonnette, païen.

Dans toutes les grammaires je trouve la singulière définition que voici : « le tréma est un double point qu'on met sur une voyelle pour la faire prononcer séparément de celle qui précède » ; et les auteurs ajoutent triomphalement, comme exemples, *ciguë, contiguë,* etc, de sorte que, d'après ces messieurs, un étranger doit prononcer *la cigü - ë, elle est contigü - ë.*

La nature même du tréma l'empêche de se placer sur *ia*, *aé*, et *oé*, attendu que jamais *i* et *a*, *a* et *é*, *o* et *é* ne se réunissent pour former un son simple.

C'est donc une faute grossière d'écrire *poëte*, *israël*, *iambe*, etc. Ecrivez toujours :

17 *poète, Noé, Noël, Chloé, Evanoé, coércible, coéxistence, goélette, poêle, aloès, iambe, iambique, Israél, Ismaél, Michaél, Raphaél*, etc.

Ici aussi mes lecteurs comprendront tous les services que pourrai rendre le tréma considéré d'après ma définition : laquelle est tout-à-fait logique, on daignera me l'avouer :

mis sur le *n* de *gnome*, *gnostic*, etc, il avertira les étudiants de séparer les deux lettres *g* et *n* habituellement réunies ;

mis sur le *u* de *équiangle*, *équilatéral*, etc, il avertira de séparer *q* et *u* habituellement réunis ;

mis sur le *u* de *aiguillon*, *aiguiser*, etc, il avertira de séparer *g* et *u* habituellement réunis.

Dans *quadrupède, quadrature*, etc, le *u* est roman, et par suite en écrivant *qüadrupède, qüadrature* on fait disparaître toute difficulté par rapport au petit nombre de mots de ce genre.

La grande folie de toutes les personnes qui jusqu'à présent ont traité de l'amélioration de notre orthographe, a été de vouloir écrire d'après la prononciation ; or enlever aux mots leur physionomie, aux langues leur parenté, n'est-ce pas leur donner un aspect nouveau et barbare ? Qui pourrait reconnaître du français dans la macédoine suivante ?

Kan Silvén Baï, ki avé fé ékzécuté avé kune énpitouaïable sévérité la loua marsiale contre lé pétisionère du chan de Mars fu condui tà léchafo le tan été froua et pluvieu. « Tu tranble » lui di teun de sé bourro — « Oui, mé sé de froua » répondi til avé calme.

C'est pourtant là que veulent nous amener les personnes en question.

Généralisez l'emploi de la cédille et du tréma ; donnez au *χ* des Grecs son correspondant *k* qui y ressemble si fort (*arkiépiscopal, koléra, arkonte*, etc); adoptez le a-souscrit dont je parlerai ailleurs et qui n'a rien de plus étrange que le i-souscrit des Grecs ou le e-supérieur des Allemands : et le français sera bientôt déchiffré par tous les étrangers, au bout de quinze jours d'étude.

Il resterait certainement encore quelques irrégularités, mais elles pèsent sur très-peu de mots, et on en aurait bien vite raison.

L'accent fermé (**é**) est un petit signe qui se met sur les *é* fermés, toutes les fois qu'ils terminent la syllabe :

bonté, aménité, longévité, amitié;

On ne le mettra donc pas sur *serpent, aimer, exempt, nez, mantel,* coquet, etc, parceque les *é* fermés de ces mots ne terminent pas la syllabe. Exception regrettable, d'autant plus qu'on le met encore sur *Israël, Noël,* etc, conformément à la nature du *é* fermé.

L'accent ouvert (è) est un petit signe qui se met sur les *è* ouverts :

père, je mènerai, accès, procès.

[Le *è* ouvert est toujours suivi d'une syllabe féminine, ou d'un *s* au singulier. Quand la consonne est doublée, l'accent ouvert se supprime : *serpette, qu'il prenne, il appellera.* Autre exception regrettable.]

On se sert de l'accent ouvert comme signe de distinction pour distinguer

à,	préposition,	de	a, verbe,
là,	adverbe,		la, article ou pronom,
dès,	préposition,		des, article,
où,	adverbe,		ou, conjonction,
çà,	adverbe,		ça, pronom,
ù,	lettre romane,		u, lettre ordinaire,

Monsieur Usage le met très-inutilement sur les mots

deçà, au-delà, en-deçà, déjà, holà!, jà, voilà, delà, par-delà.

L'accent circonflexe (^) est un petit signe inventé pour le plus grand désespoir des lexicographes :

le nôtre, apôtre, pâle, mâtin, enchâsser, flûte.

Comme vous voyez, son rôle naturel et logique est d'indiquer les voyelles longues.

Son emploi, en dehors de ce cas, a donné lieu à de telles discussions, soit au sein de l'Académie, soit parmi les grammairiens, que j'aime mieux ne pas en parler. Dans les manuscrits les écrivains négligent presque toujours ce signe indiscipliné; et plaise aux protes d'en faire bientôt autant!

Ce qui prouve son inutilité, c'est qu'on le met sans fonction sur *goût, tôt, août,* etc; sur *qu'il aimât, il plaît, je dîne,* etc; sur *ô, alle, redû,* etc; sur *pôle, grâce, crêpe,* etc, et non sur *polaire, gracieux, crépu,* etc; sur *résolûment, assidûment,* etc, et non sur *craiment, étourdiment,* etc; sur *anathême, blasphême,* etc, que d'autres écrivent *anathème, blasphème,* etc.

Laissons donc de côté ce ridicule dada.

On l'emploie en poésie pour marquer la suppression d'un e muet dans le corps des mots :

gaîment, denoûment, dévoûment, il paîra.

23 On l'emploie enfin comme signe de distinction pour distinguer

mûr, adjectif,	de	*mur*,	nom,
sûr, adjectif,		*sur*,	préposition,
dû, participe,		*du*,	article,
tû, participe,		*tu*,	pronom,
crû, de croître,		*cru*,	de croire,
crû, nom,		*cru*,	adjectif,
jeûne, nom,		*jeune*,	adjectif,
eût, subjonctif,		*eut*,	indicatif.

Cet emploi est assez inutile, car on aurait fort à faire si on voulait différentier la physionomie de tous les mots, au fur et à mesure que change leur sens.

Le trait d'union (-) est un petit signe qui sert à réunir entre eux les divers membres d'un mot composé :

un vol-au-vent, un œil-de-bœuf, Alpes-maritimes, moi-même, eux-mêmes, un enfant mort-né.

24 On l'emploie aussi pour réunir aux mots certaines expressions qui ne subsistent jamais isolément :

ex-ministre, ès-lettres, très-habile, lèse-majesté, Charles-quint, ci-gît, ci-dessus, co-légataire, etc ;

25 pour réunir aux mots les adverbes d'opposition :

ce monseigneur du lion-là, celui-là, celui-ci, cet homme-ci ;

26 pour marquer la suppression obligatoire de la conjonction *et* devant le dernier terme des expressions des nombres, quand il est plus petit que cent :

dix-sept, vingt-un, trente-deux, cent vingt-quatre, mil huit cent-soixante, mil huit cent-un ;

27 pour réunir à un verbe les pronoms, sujets ou régimes, qui sont placés après lui.

prête-le-moi, donnez-m'en, irai-je ;

28 enfin, pour flanquer les lettres euphoniques *t, z, l* :

Les Danaïdes prises
Ne savent point trop-z-à
Queu sauce on les mettra. (Désaugier)

mangera-t-il, ira-t-on, travaille-t-elle, aimera-t-il.
Si l-on croit par des pleurs attendrir un avare.

La lettre euphonique *l* ne doit s'employer qu'en poésie. En prose elle est d'une superfluité tout ridicule, car *si on* n'est pas plus dur que *l'on*, car *lorsque l-on* est bien plus dur que *lorsqu'on*, car enfin *l-on* est un véritable barbarisme. 1

D'un autre coté je prie messieurs les typographes de remarquer que l'apostrophe remplace un *e* muet, et qu'il n'y a pas de *e* muet dans *l*, pas plus que dans *t*. En écrivant *ira-t-on, l-on aime* ils éviteront donc une niaiserie, et ils épargneront aux étrangers la difficulté de distinguer *l-on* euphonique de *l'on* pronom. Je leur abandonne gratis ma découverte.

Le a-souscrit (ᴀ) est un petit signe que je propose et qui finira un jour par se placer sous les *e*, pour y donner le son des *a*.

Une des plus grandes difficultés de la prononciation Française, pour les commençants, n'est-elle pas dans cet écart de la voyelle *e*? *Femme, enivrer, fervent*, ne sont-ils pas des termes dignes de la prononciation Anglaise? Le moyen de se reconnaître au milieu des mots *il convient, ils convient, couvent, elles couvent, ils serpentent, pénitent*, etc?

Si MM Didot, Plon, Lahure, Dupont, Delalain, Claye et Perrin le voulaient, eux qui sont à la fois fondeurs et imprimeurs, cette amélioration serait vulgarisée dans un an; et les étrangers leur élèveraient une statue.

II. signes ayant rapport aux phrases

Le point (.) qu'on met à la fin de toute phrase et au bout de tout mot, qui présentent un sens complet.

Le double-point (:) qui ne s'emploie que dans trois cas : devant des phrases ou des paroles rapportées, devant une phrase ou un membre de phrase qui sert d'explication, et devant toute énumération qui n'est pas résumée par les mots *tout, rien, voilà*, etc.

Henri Quatre disait: « je veux que tous mes paysans puissent mettre la poule au pot ».

L'esprit humain a la fureur de diviser et de classer: il croit multiplier ses richesses en les séparant.

---

1. Monsieur Thiers écrit toujours *si on*, malgré la règle et la sous-règle de M Chapsal. Certes, dans ce cas, c'est le génie qui est logique, et la médiocrité qui ne l'est pas.

Vous ne savez pas? le banquier L. vient de gagner encore cent mille francs: l'eau va toujours à la rivière.

Il y a le Paris de Catherine De Médicis, aux Tuileries ; le Paris de Henri II à l'hôtel de ville : deux édifices encore d'un grand goût ; le Paris de Henri IV, à la place Royale: façades de briques à coins de pierre et à toits d'ardoise ; le Paris...

Il y a trois vertus théologales : la foi, l'espérance et la charité.

32 On écrira donc avec une simple virgule les énumérations du genre de celles-ci :

Tout vous prenait aux yeux à la fois, le pignon taillé, la toiture aigüe...

L'exercice, la sobriété et le travail, voilà trois médecins qui ne se trompent pas.

Tout plaît dans les SYNONYMES *de l'abbé Girard, la finesse des remarques, la justesse des pensées, le choix des exemples.*

33 Le point d'interjection (!) qui se met d'une manière inséparable après chaque interjection :

ah ! eh bien ! fi donc ! hélas ! allons ! tenez !

34 et après les mots et les phrases exclamatives :

[Une phrase et un mot sont exclamatifs quand ils s'échappent, pour ainsi dire, de l'âme de la personne, en dehors de toute analyse grammaticale.]

Grammatical	Exclamatif
faites leur grâce.	*grâce ! ne me tuez pas.*
en voulez-vous ? — non, merci.	*merci ! je ne m'y prendrai plus.*
j'avoue que je suis malheureux.	*que je suis malheureux !*

35 L'emploi du point d'interjection avec un vocatif devient une faute ; écrivez : *j'ai l'honneur, sire, de vous présenter...* et non *sire !*

Le doublement du point d'interjection est une inutilité.

36 Le point d'interrogation (?) qui se met après tout mot, tout membre de phrase et toute phrase dont la forme ou le sens est interrogatif :

Vous avez fait cela ? — Oui. — Quand ? — Hier.

Que m'importe la richesse ? si je ne puis en jouir.

Savez-vous ce que cela m'a coûté ? combien il m'a fallu faire de démarches ?

Le point-virgule (;) qui, dans une phrase, sans qu'on ait égard 37
aux conjonctions interposées, sert à séparer les propositions
grammaticalement indépendantes, mais ayant entre elles un rapport de sens.

Les points de suspension (...) qui se mettent au nombre de 38
trois après une proposition, restée incomplète :

> Et ce même Sénèque et ce même Burrhus
> Qui depuis... Rome alors estimait leurs vertus.

Les traits de suspension (=) qui se mettent quelques fois et finiront par se mettre généralement après un mot resté incomplet:

Renan, prof= au collége de France ; église située à 15 min= de Paris.

[Le point, après une initiale majuscule ou médiuscule, remplace 39
ordinairement les traits de suspension ; toutefois il semble alors si
honteux de ne pas terminer une phrase que beaucoup d'imprimeurs
le suppriment.]

La virgule (,) qu'on met entre et après plusieurs sujets singuliers d'un verbe au pluriel : 40

la santé, la liberté, l'intelligence, sont trois biens précieux ;

entre plusieurs épithètes : 41

une femme belle, riche et bonne (et tient lieu d'une virgule) ;

entre plusieurs verbes : 42

il prit, abandonna, reprit la cuirasse et la haire ;

entre plusieurs compléments simples : 43

*j'ai vu jouer LE CID, ESTHER et ATHALIE ; j'ai vu jouer ATHALIE,
MÉROPE et PYRAME ET THISBÉ ; les Américains sont industrieux, positifs, affairés ; je crois qu'elle est partie de Paris, qu'elle ne m'aime
plus ;*

avant et après tout mot, toute apostrophe, toute proposition 44
incidente, toute apposition, tout complément indirect, qui peut
se retrancher d'une phrase sans la dénaturer ;

avant les conjonctions *ou ni et*, quand elles sont répétées plus 45
de deux fois, et quand elles lient des parties dissemblables,
quelque courtes que soient ces parties :

Avec virgule	Sans virgule
ni ma santé, ni mes goûts, ni mes travaux ne me permettent de quitter ma retraite. (Voltaire)	ne soyez ni avare ni prodigue.
	ni l'un ni l'autre.
mais une femme, et tendre, et belle, et sage. (Voltaire)	il prit sa canne et son chapeau.
qui est plus grand d'Alexandre, ou de Charlemagne, ou de Napoléon.	qui de toi ou de moi fera cela? ou l'un ou l'autre.

Nul n'est content de sa fortune,
Ni mécontent de son esprit.

Il prit sa canne et son chapeau, et sortit ; je plie, et je ne romps pas.

Tout reconnait ses lois, ou brigue son appui.
Grand roi, cesse de vaincre, ou je cesse d'écrire.
Ma lectrice rougit, et je la scandalise.

46   pour éviter un double sens, surtout quand il y a inversion :

l'homme entre deux âges, et ses deux maîtresses ; en un instant, de la plus amère douleur je passai à la plus vive joie.

C'était le garçon, de tout le village
Le plus imbécille et le plus malin.

47   entre les propositions courtes :

on court, on se menace, l'air gémit, le fer brille ;.

48   pour remplacer un verbe sousentendu dans une proposition séparée de la précédente par un point-virgule :

Avec le point-virgule	Avec simple virgule
l'amour de la gloire meut les grandes âmes ; l'amour de l'argent, les âmes vulgaires.	l'amour de la gloire meut les grandes âmes, et l'amour de l'argent les âmes vulgaires.
Elle avait eu deux fils, Joseph et Pierre. De Joseph étaient nés trois enfants ; de Pierre, deux.	les cygnes ont le lac, les aigles la montagne.

49   pour séparer les membres incidents d'une phrase :

il est vif, mais bon ; si vous voulez, nous irons ensemble ; puisque vous le voulez, je le ferai.

La virgule s'emploie aussi pour distinguer dans les nombres les unités des décimales :

34 f, 25 c   322 f, 443 m

Rien de plus amphibologique et de plus niais que de l'employer simultanément pour distinguer les divers genres d'unités, et d'écrire *six-mille* ainsi 6,000 Cela signifie six francs. On doit écrire dans les imprimés avec un blanc 3 562 712 , 25 et dans les manuscrits avec un point 3 . 562 . 712 . 25

SIGNES AUXILIAIRES

Les parenthèses servent à enfermer un mot, une date ou une phrase qui n'a rien de commun avec la phrase principale :

ouverte (*fermée*)

Les crochets servent à enfermer des passages entiers :

ouvert [*fermé*]

Les guillemets servent à encadrer les paroles et les morceaux cités :

ouvert «   *fermé* »

Quand la citation est longue, on ne place un guillemet ouvert qu'au commencement de chaque paragraphe, et un guillemet fermé à la fin seulement du dernier paragraphe.

Quand la citation contient elle-même une citation plus petite, on met au commencement de chaque ligne ou de chaque vers de celle-ci un guillemet ouvert, puis un guillemet fermé à la fin.

Les verbes *dit-il*, *répondit-il*, etc, entrant dans le récit même de l'auteur ne doivent pas être compris dans les guillemets, ni accompagnés de virgule.

Les chiffres supérieurs [1], [2], [3], etc indiquent les renvois sans qu'on ait besoin de les mettre entre parenthèses.

Les astérisques (***) au nombre de trois, remplacent un nom propre sous-entendu.

Quand l'initiale du nom est notée, les astérisques deviennent inutiles ; on écrira donc :

monsieur B   ou bien   *monsieur* ***

Le double-tiret (=) s'emploie pour séparer des paragraphes ou dans le même paragraphe pour séparer des matières distinctes.

Le tiret (—) dans un dialogue indique le changement d'interlocuteur. C'est son seul emploi, entendez-vous bien ?, son seul.

Depuis quelque temps on a pris l'inqualifiable manie de remplacer la virgule et le point-virgule par le tiret, et d'écrire dans un affreux désordre des phrases comme celle-ci :

« Sa femme apparut — furieuse — les cheveux au vent, et lui dit: — misérable! — Mais, madame... — répondit Albert — avec flegme. — Je vous dis que vous êtes un misérable. — Albert se tut. »

Je n'ai pas besoin de faire observer qu'aucun imprimeur sérieux, ni aucun écrivain recommandable n'a adopté cet imbroglio typographique, tombé sur la littérature comme une déjection du petit journalisme. Dieu vous garde, ami lecteur, de cette maladie de porc-épic !

Là se borne, pour les livres classiques, la nomenclature de tous les signes grammaticaux.

Il existe, à l'usage des ouvrages scientifiques, géographiques, et autres, une foule de signes purement conventionnels qui n'entrent pas dans le cadre d'une grammaire. Il y a aussi des typographes qui, à l'exemple des vieux notaires, au lieu de chiffres supérieurs, emploient pour les renvois autant de chinoiseries différentes qu'il y a de renvois différents : cela dénote chez eux beaucoup d'invention hiéroglyphique, mais cela est très-laid.

Nous venons de voir les signes au moyen desquels on représente et on coordonne tous les mots de notre langue ; disons pour terminer que celle-ci se compose de neuf espèces de mots, savoir :

le nom   qui nomme,
l'article   qui détermine,
l'adjectif   qui ajoute une idée,
le pronom   qui remplace,
le verbe   qui exprime l'état ou l'action,
l'adverbe   qui modifie,
la préposition   qui indique les rapports,
la conjonction   qui joint ou subordonne,
l'interjection   qui exprime les cris de l'âme.

CHAPITRE II

DES NOMS

Le nom est un mot variable qui sert à nommer les êtres et les choses.

Si je demande comment s'appelle cet ignoble tube que les hommes mettent sur leur tête, et qu'on me réponde *chapeau*, le mot *chapeau* sera un nom.

Les choses et les êtres peuvent subsister ou seuls de leur espèce ou multiples :

un chapeau, six chapeaux, plusieurs chapeaux; un chien, des chiens, plusieurs chiens.

C'est cet état d'unité ou de pluralité qu'on appelle nombre d'un nom.

Il y a en français deux nombres : le singulier, quand on ne parle que d'une chose ou d'un être ; le pluriel, quand on parle de deux ou de plusieurs.

Les êtres sont ou mâles ou femelles ; parsuite on appellera genre d'un nom sa propriété de s'appliquer à un être mâle ou à un être femelle.

Certains grammairiens définissent le genre « la propriété qu'ont les noms de représenter la distinction des sexes ».

Cela serait vrai, si tous les noms masculins avaient une terminaison masculine spéciale, et tous les noms féminins une terminaison féminine spéciale ; mais un nom ne représente que l'espèce d'animal, et sans dictionnaire on ne pourrait jamais connaître le genre des mots *singe, dogue, souris, brebis*, etc.

De là deux genres pour les noms d'êtres, le masculin et le féminin :

le mouton, la brebis, la fourmi, le jars.

La logique demanderait qu'on eût créé un genre neutre pour les choses matérielles et les choses métaphysiques, lesquelles n'ont pas de sexes; mais on a arbitrairement donné aux noms de ces choses soit le genre masculin, soit le genre féminin. On n'a pas même daigné se plier aux exigences de la terminaison, et on dit *le lycée, le courage, la forêt, la dent*. Nous voilà bien les dignes fils de ces Romains qui, étonnés d'avoir le genre neutre à leur service, s'étaient empressés de proclamer *pinus alba*. L'homme n'est pas parfait, les langues encor moins. Nous pouvons dire *mare* au neutre, en parlant latin ; *il mare* au masculin, en parlant italien ; *la mare* au féminin, en parlant provençal ; nous n'avons que l'embarras du choix.

Donc en français les noms des choses sont aussi ou masculins ou féminins :

la foi, la table, le doute, le cercle.

Il y a deux sortes de noms; ce sont le nom commun qui s'applique à tous les êtres et à toutes les choses de même nature :

chien, table, singe, arbre, peuplier;

le nom propre qui s'applique à certains êtres et à certaines choses pour les distinguer des êtres et des choses de même nature :

Alexandre, Bibi, Paris, Rhône, Pyrénées.

DU NOM COMMUN

Le nom commun subsiste de trois manières : à l'état simple, à l'état composé, à l'état collectif :

une rose, la rose, l'océan, le ciel; le prie-dieu, un essuie-main, un arc-en-ciel; la foule, l'armée, une multitude.

Genre des noms communs

La plupart des grammairiens ont déclaré impossible une règle pour connaître sans lexique le genre des noms communs ; ceux qui ont essayé de projeter une lumière sur ce chaos en ont été pour leurs frais : ni l'étymologie, ni l'analogie, ni la raison n'étant respectées de » l'usage. Il leur a suffit de formuler une loi pour voir aussitôt se dresser vingt exceptions.

Les étrangers devront donc ou se donner la peine de feuilleter les dictionnaires, ou se donner la peine de naître Français.

Il y a pourtant un principe général. Le *e* muet final est le signe du féminin ; l'absence du *e* muet final, le signe du masculin :

lion lionne, linot linotte, débiteur débitrice, vendeur vendeuse, bailleur bailleresse, portier portière, débitant débitante, etc.

C'est vers ce principe que les écrivains et l'Académie doivent tendre à ramener toutes les exceptions. Il serait si facile d'écrire :

le *zodiac, abuc, laïc, tropic, calif, vermicel, reptil, colorifer, exemplair, cachemir*, etc
le *lycé, camé, caducé, gynécé*, etc
la *libertée, bontée, santée*, etc
la *fourmie, vertue, tribue*, etc ;

si facile de déclarer féminins tous les mots qui embarrassent voire les Français :

pore, alvéole, acrostiche, amulette, épisode, évangile, inventaire, ivoire, incendie, strige, etc ;

si facile de supprimer les genres doubles, sauf pour les mots auxquels le genre masculin fait attacher un sens différent du sens qu'ils ont avec le genre féminin :

couple, crêpe, carpe, cartouche, enseigne, greffe, livre, manche, mémoire, môle, mousse, moule, page, paillasse, pendule, physique, poêle, poste, poulpe, pourpre, pupille, solde, vague, vase, voile, etc.

Cela serait si facile, voilà pourquoi cela ne se fera jamais.

Genre de quelques sortes de noms communs

Les noms de professions libérales ou artistiques accidentellement exercées par des femmes restent toujours masculins :

elle est un professeur, un peintre, un graveur, un géomètre, un médecin, un avocat, un poète, un littérateur distingué.

Les noms de professions manuelles ont un féminin correspondant :

c'est un marchand, un épicier, un tailleur, un charretier; c'est une marchande, une épicière, une tailleuse, une charretière.

56   Les noms d'emplois n'ont pas de féminin correspondant, n'étant jamais appliqués à des femmes.

C'est par pure plaisanterie qu'on dit en causant : *madame la générale, la maréchale, la commandante, la préfète, la présidente, la mairesse, la lieutenante, la colonelle, la proviseuse, la sous-préfète, la ministresse*, etc. On dit bien d'autres choses en causant.

Les noms de titres ont des féminins correspondants :
   duc duchesse, marquis marquise, baron baronne, etc.

Noms communs ayant les deux genres

57   **Aigle** : masculin, quand il signifie l'animal mâle ou un homme supérieur ; féminin, partout ailleurs. *Les aigles Romaines, la grande aigle de la légion d'honneur, l'aigle fut tuée avec ses petits.*

Amour, automne, hymne, orge, orgue sont des deux genres tant au singulier qu'au pluriel : on en trouve des exemples dans les ouvrages de nos meilleurs écrivains.

Délice : masculin, au singulier ; féminin, au pluriel.

Enfant : masculin pour garçon, féminin pour fille.

Personne : féminin et nom, quand ce mot est joint à un article ou à un adjectif ; masculin et pronom indéfini, quand il est seul :

la personne, une personne, certaine personne que j'ai vue.	*personne n'est mécontent de son visage.*

Foudre : féminin, dans le sens propre, *la foudre* ; masculin dans le sens figuré, *un foudre d'éloquence.*

Œuvre : masculin, au singulier, quand il signifie la pierre philosophale, ou l'ensemble des tableaux d'un peintre ; partout ailleurs, féminin.

Vapeur : masculin, quand il signifie bateau mu par la vapeur ; féminin, partout ailleurs.

Quelque chose : masculin, au singulier, quand il est suivi de l'épithète, *quelque chose de bon, de fini, qui encourt d'être blâmé* ; féminin, partout ailleurs.

Gens : masculin quand l'épithète le suit, *gens bien fins, gens estimés* ; féminin, quand l'ajectif précède, *les vieilles gens*. Dans ce dernier cas, « Usage a exigé une exception en faveur de *tout* : *tous les méchantes gens, tous les gens de loi, tous les honnêtes gens*. Hors de là, tournez la phrase, si votre oreille est blessée. Il va sans dire que *gens* ne peut être à la fois suivi d'un adjectif masculin et précédé d'un adjectif féminin ; ce serait par trop plaisant. Dire *les vieilles gens sont soupçonneux*, c'est commettre une faute.

On disait autrefois *le couleur de feu, une belle exemple d'écriture;* 58
on dit ajourdhui *la couleur de feu, un modèle d'écriture :* ce qui a fait disparaître le double genre de *couleur* et d'*exemple*.

Pluriel des noms communs

On forme le pluriel des noms communs en ajoutant un *s* au 59
singulier de ces noms :

pêche des pêches, diamant des diamants, homme des hommes, dent des dents, camail des camails, étendart des étendarts, portail des portails, loi des lois, bijou des bijous, emploi des emplois, chou des choux, avant-coureur des avant-coureurs ;

premièrement = excepté les noms en *s, x* ou *z* qui ne chan- 60
gent pas au pluriel :

héros des héros, noix des noix, voix des voix, nez des nez ;

deuxièmement = excepté les noms en *au* ou en *eu* qui 61
prennent un *x* au lieu d'un *s* :

chapeau des chapeaux, étau des étaux, jeu des jeux, feu des feux ;

troisièmement = excepté les noms en *al* qui font *aux* : 62

local des locaux, cheval des chevaux, hôpital des hôpitaux, général des généraux ;

toutefois l'oreille exige que les onze noms suivants restent 63
dans la règle générale :

des bals, des carnavals, des pals, des finals, des ré s, des cals, des cérémonials, des nopals, des chacals, des narvals, des servals ;

quatrièmement = excepté les noms qui sont le commence- 64
ment d'une prière ou d'une chanson et qui s'écrivent en italiques :

« *des te Deum, des God save the queen, des credo, des alleluia, des magnificat, des ave Maria, des pater, des requiem, des qui vive* » ;

cinquièmement = excepté les mots invariables de leur nature : 65

les si, les car, les tu, les pourquoi, les hola !, les tudieu !

66   sixièmement == excepté les noms composés contenant plus de deux mots :

des pince-sans-rire, des qu'en-dira-t-on, des sauve-qui-peut, des coq-à-l'âne ;

67   septièmement == excepté *travail* qui fait *travaux*.

Parmi les noms en *ail*, quelques autres tels que *bail*, *corail*, *émail*, *vitrail*, *soupirail* sont généralement cités comme faisant aussi, contre la règle, *baux*, *coraux*, etc ; mais que de gens, voire bien élevés, qui disent souvent *des bails*, *des émails*, etc. en restant dans la règle générale! L'oreille et la logique leur donnent raison. Ne nous faisons donc aucun scrupule de nous servir de ces pluriels réguliers.

Les amateurs d'exceptions ont de tout temps cherché à en glisser une huitième en faveur de quelques mots en *ou* qui auraient dû faire *oux* (*des cailloux, des poux*). Mais ici tant pis pour ces gâte-langues qui n'ont pu s'entendre sur le choix des mots à favoriser, ou à sacrifier, comme vous voudrez ! Autant de grammaires, autant de nomenclatures différentes. C'est une preuve que l'exception n'existe pas, et que *ou* fait *ous*.

Enfin, aux noms terminés par *ant* ou par *ent*, quelques personnes, adeptes du Noël et Chapsal, font, pour former le pluriel, subir une amputation drolatique, et écrivent *des appartemens*, *des diamans*. C'est une faute grossière que rien ne justifie. Il
68   faut absolument écrire *des appartements, des diamants*.

Trois heures de piquet à messieurs Noël et Chapsal, pour avoir vulgarisé cette hérésie grammaticale !

69   Je n'ai pas besoin d'ajouter que les mots étrangers introduits depuis longtemps dans notre langue sont obligés d'en subir les lois et que nous devons écrire

accessit des accessits, dilletante des dilletantes, album des albums, critérium des critériums, agenda des agendas, concetti des concettis, alibi des alibis, folio des folios, alto des altos, impromptu des impromptus, biftec des biftecs, lazzi des lazzis, aviso des avisos, macaroni des macaronis, bravo des bravos, opéra des opéras, débet des débets, trio des trios, erratum des erratums, solo des solos, maximum des maximums, etc, etc, etc.

Méfiez-vous des ignorants qui écrivent *des errata*, *des ma-*

xima; car ils seraient capables de vous flanquer au nez *des alba, des ovisi, des alti,* etc.

Quant aux mots *carbonaro, lazzarone, gentleman, lady,* etc, 70 comme ils ne représentent point des êtres qui existent en France, nous les écrirons en italiques, de la manière suivante : *carbonari, lazzaroni, gentlemen, ladies,* etc.

Pluriels hétérogènes

Travails, pluriel de *travail*, machine des ferrants ; partout 71 ailleurs *travaux*.

Cieux, pluriel de *ciel*, dans le sens de firmament ; partout ailleurs *ciels*.

Yeux, pluriel de *œil*, dans le sens de l'organe de la vue ; partout ailleurs, *œils*.

Aïeux, pluriel de *aïeul* dans le sens de *ancêtres : nos aïeux faisaient telle chose* (monsieur et madame Durand sont ses aïeuls, dans le sens de grand-parents).

Bestiaux, pluriel de *bétail*.

Quelques personnes emploient *aulx* comme pluriel de *ail*, l'Académie enseigne de dire *des ails*.

Pluriel des noms communs composés.

Toutes les fois qu'un nom est composé de deux mots il suit 72 la règle des noms simples :

des bec-figues, des basse-tailles, des loup-garous, des havre-sacs, des passe-partouts, des pour-boires, des ex-votos, des in-quartos, des fac-similés, des adieux, des hotel-dieux, des prie-dieux.

Toutes les fois qu'un nom est composé de plus de deux mots, 73 il reste invariable :

des arc-en-ciel, des patte-de-mouche, des pied-à-terre, des auto-da-fé.

Chacun connait les difficultés dont les grammairiens ont entouré cette matière, chacun connait les répulsions qu'elle inspire aux étrangers, mais chacun ne sait pas que l'Académie, Boiste, Giraud-Duvivier, Poitevin, Bescherelle, Landais, Nodier, sont en contradiction générale entre eux et avec eux-mêmes : la discorde est au camp des linguistes.

Hé bien ! Il y a une personne qui en sait plus que tous ces grammatistes, c'est la France. Or la France entière prononce dans le langage

des maî trau tels, des fran cal leux, des por ké pics, des o ran gou tangs, etc ;

c'est que la France n'admet pas le *s* au milieu du mot, et qu'on doit écrire

des maître-autels, des franc-alleux, des porc-épics, des orang-outangs;

comme on écrit déjà sans trait d'union

des vinaigres, toujours, des bonbons, des bonjours, des chaufours, des cricris, des ferblancs ;

et comme pour les adjectifs on écrit

mort-nés, aigre-douces, ivre-morts, court-vêtues, etc.

Le raisonnement vient à l'appui de cette orthographe sanctionnée par le langage. En effet, presque toujours les deux mots simples perdent en se réunissant leur sens propre, pour donner au mot composé un sens complètement nouveau ; faire varier les deux mots, c'est leur laisser leur nature, et vouloir que

les mots	écrits comme ci-dessous	signifient	et non pas
basse-tailles,	basses-tailles,	statures basses,	chanteurs,
sainte-barbes,	saintes-barbes,	barbes sacrées	poudrières,
belle-filles,	belles-filles,	filles jolies,	brus,
dame-jeannes,	dames-jeannes,	femmes Jeanne,	grosses bouteilles,
courte-pointes	courtes-pointes	étoffes courtes,	couvertures,
bon-chrétiens,	bons-chrétiens,	chrétiens pieux.	poires.

Il en est de même pour les noms composés de plusieurs mots. La France rejète le *s* intercalé puisqu'elle prononce

des co qua l'âne	c'est à dire des coq-à-l'âne,
des cha rà banc	des char-à-banc,
des po ta eau	des pot-à-eau,
des ar quen ciel	des arc-en-ciel,
des cas qua mèche	des casque-à-mèche,
des po tau feu	des pot-au-feu,
des vo lau vent,	des vole-au-vent ;

et le *s* final devient impossible à cause des contradictions où il ferait tomber la logique (c'est l'avis de tous les grammairiens, y compris Noël et Chapsal). Exemples :

des belle-de-nuit, des paille-en-queue, des œil-de-bœuf, des pince-sans-rire, des tête-à-tête, des pisse-en-lit, des trompe-l'œil, des va-et-vient, des écoute-s'il-pleut, des qu'en-dira-t-on, des meurt-de-faim, des pet-en-l'air, des bouton-d'or, des sot-l'y-laisse, des belle-de-jour, etc.

Ce que j'ai dit du changement de sens doit servir à reconnaître les noms composés. Par suite on se gardera fort d'orner de traits d'union les locutions pareilles aux suivantes :

robe de chambre, garde champêtre, garde national, ver à soie, eau de rose, arc de triomphe, ciel de lit, eau de Cologne, chant de triomphe, esprit de vin, eau de senteur, hôtel de ville, serpent à sonnettes, jet d'eau, beaux arts, aide de camp, grand livre, petits pois, c'est à dire, bonnet de police, quart d'heure, etc.

Noms communs collectifs

Le nom collectif est celui qui éveille une idée de collection ; un collectif est complet, quand il représente la collection complète ; il est partiel, quand il ne représente qu'une partie de la collection :

Collectif complet	Collectif partiel
l'homme est sujet à la mort.	*une foule de nymphes étaient assises.*
entre le pauvre et vous, vous prendrez Dieu pour juge.	*une multitude de malades se rendent aux eaux.*
voyez cette foule qui stationne sous nos fenêtres.	*une partie des maisons furent brûlées.*
la multitude est aveugle.	*plus d'un peintre sont morts à l'hôpital.* [1]
la totalité des gens que j'ai vus passer était ivre.	*maint soldat ont succombé sur le champ de bataille.*
la moitié des maisons fut brûlée.	*jamais tant de savants ne furent immolés.*
	c'est une des plus grandes fautes que la politique ait jamais faites.

[1] Beaucoup de personnes écrivent *est mort*, elles oublient que le sujet est là un collectif partiel.

75 Comme on voit, chaque collectif complet exige le verbe au singulier ; chaque collectif partiel exige le verbe au pluriel.

On a imaginé une figure de rhétorique pour justifier la faute de français que l'exigence de la mesure a fait commettre à Racine :

> Entre le pauvre et vous vous prendrez Dieu pour juge,
> Vous souvenant, mon fils, que caché sous ce lin
> Comme eux vous fûtes pauvre et comme eux orphelin.

Racine est assez grand pour se passer d'une telle pitié, et sa phrase est tout bonnement fautive ; car, quel est l'avocat ou le substitut qui ne répugnerait à signer la prose que voici :

« *L'ouvrier se plaint souvent ; nous ferions comme eux, si comme eux nous travaillions sans cesse* » ?

Est-ce que la langue des dieux ne doit pas être plus parfaite que la langue des avocats et des substituts ?

On peut dire en corrollaire qu'il faut écrire *pâte d'amande*, parceque *amande* est le collectif complet de la substance ; et *caisse d'amandes*, parceque *amandes* est un collectif partiel, *une certaine quantité des fruits de l'amandier*.

DU NOM PROPRE

La définition qu'on donne ordinairement du nom propre est assez drôle : « un nom qui ne convient qu'à une seule personne ou à une seule chose, comme *Alexandre*, *Vienne*, etc ». Je connais plus de trente individus qui s'appellent *Alexandre*, et plusieurs villes qui s'appellent *Vienne*. En outre les chiens et les chevaux ne sont ni des personnes ni des choses, et cependant ils ont des noms particuliers.

Le nom propre est un nom qui s'applique à certains êtres et à certaines choses, pour les distinguer des êtres et des choses de même nature :

Alexandre est un nom propre, parcequ'il s'applique à certains hommes, pour les distinguer des autres hommes ;

Bibi est un nom propre, parcequ'il s'applique à certains chevaux, pour les distinguer des autres chevaux ;

Vienne est un nom propre, parcequ'il s'applique à certaines villes, pour les distinguer des autres villes.

Pluriel des noms propres

76 Dans aucun cas imaginable l'orthographe des noms propres ne peut varier, elle est sacrée; ils ne prennent donc point la marque du pluriel :

l'Angleterre voulait avoir plusieurs Gibraltar (Thiers); l'Italie possède beaucoup de Castel-nuovo; la France a eu ses César, ses Ovide, ses Archimède; les Bourbon, la famille des Bourbon, les Bonaparte.

Rien, en effet, n'aurait été méconnaissable comme *Karr, Victor Hugo, Laly, Connubio, Tardieu* devenant au pluriel *les Karrs, les Victors Hugos, les Lalies, les Connubii, les Tardieux,* etc. La presse moderne a eu le bon esprit d'adopter cette règle absolue, et de rendre ainsi impossibles des anomalies comme la suivante : « on voulait remplacer les Bourbons par les Bonaparte ».

C'est par licence poétique que les poëtes peuvent dire : *les Corneilles, les Napoléons,* etc.

Genre des noms propres

77 Les noms propres d'êtres prennent le genre de l'être auquel ils s'appliquent :

Thomas est arrivé, Lucie est aimée, Marguerite a été battue.

Depuis la singulière mode de donner aux garçons des noms de fille, le même nom peut être des deux genres :

Marie Duval a été nommé gendarme, Marie Duval a été nommée institutrice.

78 Les noms de ville sont des deux genres; c'est l'oreille qui, d'après l'épithète, décide seule de la préférence :

le vieux Nice, la charmante Nice, le vieux Londres, la vieille Rome.

79 Le genre des noms de cours d'eau et de sommités a été fixé au masculin ou au féminin, suivant qu'on a sousentendu les mots *fleuves* et *monts* ou *rivières* et *montagnes.*

Noms propres composés

Cette sorte de nom n'offre de particularité que par rapport à l'emploi de la majuscule. La règle en est simple..

80   Tout nom propre composé prend la majuscule en tête de lui-même et ensuite en tête des composants qui eux aussi sont des noms propres :

la ville de Saint-Etienne, Notre-dame-de-Paris, Notre-dame-des-neiges, l'église de Saint-Germain-des-prés, les Alpes-maritimes, le soldat Coupe-mêche, Charles-quint, Sixte-quint, etc.

81   On voit par là qu'un nom de ville ou de rue s'écrit en un seul mot, *Saint-Etienne, rue Saint-Martin*; tandis que lorsque le mot *saint* est une qualification céleste donnée à une personne, on doit écrire : *saint Etienne* ou *s^t Etienne, sainte Berthe* ou *s^te Berthe, le saint Esprit* ou *l'Esprit saint*.

De même le nom commun, quoique souvent inséparable, ne fait jamais corps avec le mot propre qui sert à l'individualiser : *le pont Rialto, le pont Neuf, la mer Rouge, le mont Perdu, le mont Blanc, le fleuve Scamandre, le pic de Ténériffe, le pic Noir, la montagne Noire, le col Maudit, le roi Henri, l'élève Bernard, le mamelon Vert, l'océan Atlantique, le mont Vinaigrier, le café Procope, l'hôtel Victoria, le golfe Jouan,* etc.

82   REMARQUES SUR QUELQUES NOMS

Tost : préférable au barbare *toast*.

Biftec : préférable au grotesque *béefteack*.

Piquente : préférable à *pique-nique*, à cause de la terminaison masculine.

Pomme en français signifie *fruit du pommier*, et non *fruit en général* comme en latin. Dire *pomme de pin*, c'est autoriser *pomme de cerisier, pomme de poirier,* etc. La règle veut que le mot propre passe avant la circonlocution. On dira donc :

pigne	au lieu de	*pomme de pin,*
tomate		*pomme d'amour,*
artichaut		*pomme d'artichaut,*
parmentière		*pomme de terre,*
magnan		*ver à soie,*
accoucheuse		*sage-femme,*
bru		*belle-fille,*
gendre		*beau-fils,*
pétrole		*huile de pétrole,*
courtilière		*taupe-grillon,*
voyer		*agent-voyer.*

Vagon. N'écrivez jamais *wagon*, le *w* n'est pas de notre langue. C'est par anglomanie que Bescherelle et Landais ont introduit cette machine biscornue dans leur dictionnaire.

(Rail-way, steamer, gentleman-rider, yachting, turf, trinkhale, cottage) Laissez vite de côté ces singuliers accouplements de lettres. Il est des gens qui, humiliés de ne pas savoir le français, font semblant de savoir l'anglais. Tous ces mots peuvent être beaux outre Manche, comme la Vénus Hottentote est belle au cap Vert, mais imposés à la Muse Française ils font l'effet d'une peau d'ours sur la Diane de Jean Goujon.

Écriveur public, qui fait métier d'écrire des lettres.

Bonnetterie, papetterie, grainetterie, tabletterie et non pas *bonneterie, papeterie*, etc. Le génie de notre langue n'admet point deux e faibles de suite. En vain allègue-t-on, la suppression du e dans la prononciation usuelle du Nord, *pap'terie* ; cette suppression ne peut avoir lieu dans l'écriture, comme cela conste du vers suivant :

Il amassa de l'or dans la papèterie.

C'est la même raison qui fait dire *j'appèlerai, j'achèterai* ou *j'appellerai, j'achetterai*, et non pas *j'appelerai, j'acheterai*.

Collaborateur *dans un journal*, et non *d'un journal*.

Train-poste commence heureusement à prévaloir sur *expressssss*.

Élevage et non pas *élève* des bestiaux. Comprenez-vous une vache professeur, une vache ayant des élèves ?

Nord, est, sud, ouest sont des noms, ne sont pas des adjectifs. Il faut donc dire *le coté du nord, le coté septentrional* au lieu de *le coté nord*; *l'exposition de l'est est mauvaise*, au lieu de *l'exposition est est mauvaise*. Et surtout pas de majuscules.

(Villagiature) Les précieuses ridicules de notre siècle emploient ce mot pour dire ce que Voltaire disait ainsi : « à la campagne ».

(Square) Oh ! *square!* quel est ce mot ? *quà re*, quelle chose est-ce ? Cela veut peut-être dire *jardin, jardinet, parterre* : je le demanderai à mon cheval.

Dinde : une dinde, un dindon, un dindonneau.

Amphitryon, qui donne l'hospitalité ; *hôte, hôtesse*, qui reçoit l'hospitalité ; *hôtelier, hôtelière*, qui tient un hôtel.

Endroit ne se prend jamais au figuré comme *place*. On dit *à votre place je ferai cela*, et non *à votre endroit je ferai cela*. Par conséquent on ne peut dire *il s'est permis des critiques à mon endroit* ; c'est *à mon égard* qu'il faut.

Kanguron est orthographié ainsi généralement. C'est un nom.

commun et un néologisme : inutile donc de charger la langue d'une nouvelle exception telle que *Kanguroo*.

Cok est aussi un nom nouveau. S'il est masculin, donnons-y la terminaison masculine.

Cuillère : préférable à *cuiller*, à cause du genre féminin.

Mor et non *mors*, attendu qu'on prononce *le mor raux dents* et non *le mors zaux dents* ; et attendu qu'enlever la marque du pluriel à un mot singulier, c'est faire une bonne action.

An, jour, matin, après-midi, soir ont rapport à un instant quelconque, tandisque *année, journée, matinée, après-dinée, soirée* ont rapport à la durée continue : *j'ai acheté cela l'an dernier, j'ai passé à Paris toute l'année*, etc.

Chèque cherche à s'introduire chez nous, l'argent à la main. Qu'elle veuille bien ne pas oublier sa terminaison, cette séductrice !

Orphéon : troupe d'hommes qui chantent vocalement. Avis à certains journalistes qui confondent un orphéon avec un chœur de gamins ou de demoiselles, ou, pis encore, avec un corps de musiciens.

Out : puisque La Fontaine a eu le courage d'écrire ainsi, empressons-nous de l'imiter.

Numéro d'un journal, c'est l'ensemble d'un tirage. *Le premier numéro a été tiré à 2 000 exemplaires.* On dira donc *10 centimes l'exemplaire* et non *10 centimes le numéro*.

CHAPITRE III

DES ARTICLES

L'article est un petit mot variable qui sert à déterminer le nom.

Homme est un mot vague ; si je dis *l'homme est un animal féroce, un homme m'a frappé*, le mot *homme* se trouve déterminé, là, d'une manière définie, car il signifie *tous les hommes* ; ici, d'une manière indéfinie, car il signifie *homme quelconque*.

De là dans notre langue l'article défini et l'article indéfini, qui offrent les diverses combinaisons suivantes :

ARTICLE DÉFINI
- MASCULIN le de l' du à l' au, les des aux.
- FÉMININ la de la de l' à la à l', les des aux.

ARTICLE INDÉFINI
- MASCULIN un d'un à un, des à des.
- FÉMININ une d'une à une, des à des.

Les Anglais ont aussi les deux articles : *the man, l'homme* ; *a man, un homme* ; *one man,* 1 *homme*.

Emploi de l'article

Il suit de la définition même de l'article qu'on doit l'employer premièrement, devant tout nom déterminé concurremment soit par un membre de phrase :

on ne s'inquiète pas des personnes qu'on méprise, il me reste fort peu de l'étoffe que j'ai achetée, un grand nombre des personnes que j'ai vues, soit par un autre nom :

la ville de Paris est belle, le fleuve du Var est torrentiel;

84 secondement, devant tout nom, régime direct d'un verbe direct affirmatif :

il a de l'argent, il mange du pain, il vous adresse des reproches;

(L'article est, dans ce cas, pris dans un sens analogue au sens des collectifs partiels ; *du pain,* c'est à dire *une partie du pain existant.*)

85 troisièmement, devant les adverbes *plus, mieux, moins,* quand il y a comparaison exprimée ou sousentendue :

Avec comparaison	Sans comparaison
de toutes les femmes auteurs Sand est la plus habile, la plus estimée.	*elle rit, voire quand elle est le plus chagrinée.*
ce sont les devoirs les mieux faits (sous entendu *entre tous les devoirs*).	*ses devoirs sont toujours mal faits, voire quand ils sont le mieux faits.*
	(Ici *le plus, le mieux* sont des locutions adverbiales et partant invariables.)

86 quatrièmement, après l'auxiliaire *être* avec ou sans négation :

les livres sont des amis, ces gens ne sont pas des sorciers (l'article est indéfini) ;

87 cinquièmement, devant les noms de navires, de fleuves, de montagnes, de vins, et devant certains noms de pays et de villes:

le Vengeur, le Rhône, les Alpes, le champagne, la Guadeloupe, le Cannet, le Bar.

88 Les noms propres d'homme français ne le prennent jamais ; joint à un nom de femme il entraine le mépris, et les gens bien nés en parlant d'une actrice disent toujours *mademoiselle Vertpré, mademoiselle Rachel* et non *la Vertpré, la Rachel.* Ajoutons que *le Puget, le Poussin* sont deux exceptions tout italiennes, et que dans *Le Sueur, Le Févre,* à *Le Sueur,* à *Le Févre,* l'article *le* fait partie intégrante du nom propre.

Suppression de l'article

Par contre l'article se supprime

89 premièrement, quand le nom est indéterminé :

Indéterminé	Déterminé
verre d'eau.	verre de l'eau que j'ai puisée.
une foule d'amis.	la foule des amis que j'ai.
beaucoup de fruits.	beaucoup des fruits que j'ai cueillis.
table de fer, en fer.	
avec patience, en patience.	avec la patience on arrive.
se conduire en brave.	
sans peur et sans reproche.	sans le courage pas de héros.
entre amis	
dizaine de poires.	
à satiété, à volonté.	
les noms de navires.	les noms des navires du port.

(Excepté avec les mots *bien, la plupart* : bien des personnes, la plupart des personnes ; ce qui n'empêche pas de dire bien d'autres.) 90

secondement, quand le nom est précédé d'une épithète : 91

il vous adressa de frivoles reproches, ce sont d'honnêtes hommes, de petits garçons passaient, il mange de mauvais pain ; à moins que l'épithète ne soit partie intégrante du nom : *cueillir des petits pois, dire des bons mots ;*

troisièmement, quand le verbe direct est négatif : 92

je ne te donnerai pas de confiture, il ne vous adressera pas de reproches ;

quatrièmement, quelques fois après les conjonctions *ni, soit* 93 répétées :

il n'a ni talent ni honneur ; soit lâcheté, soit calcul ;

cinquièmement, avec les prépositions *pour* et *contre* marquant 94 réciprocité :

danger pour danger, œil pour œil, pieds contre pieds ;

sixièmement dans les expressions verbiales : 95

avoir faim, donner signe, faire tort, mettre ordre, porter ombrage, prendre soin, rendre visite, tenir garnison, tirer vengeance, etc.

On le laisse ou on le supprime à volonté dans les énumérations et dans les phrases proverbes :

la richesse, les honneurs, les dignités, la famille, il a tout quitté.	il a tout quitté, richesse, honneurs, dignités, famille.
à un malin, un malin et demi.	à malin, malin et demi.

Répétition de l'article

96 L'article doit absolument se répéter devant chaque nom qui est déterminé :

les officiers et les soldats de l'armée ; le père et la mère de cet enfant ; le lundi, le mardi et le mercredi de chaque semaine ; le 6, le 10 et le 15 de mai ;

(Dire *les père et mère, les lundi et mardi de chaque semaine*, c'est être aussi niais que celui qui dirait : *les soleil et lune éclairent la terre, chaque soldat a pris les sac et fusil*, etc).

à fortiori, lorsqu'un des noms est sousentendu :

j'ai loué le grand et le petit appartement, j'ai rencontré l'ancien et le nouveau commissaire, les autorités civiles et les militaires. Dans ce dernier exemple qui prête à l'amphibologie, mieux vaut même répéter le nom : *les autorités civiles et les autorités militaires.*

97 Evidemment lorsque plusieurs épithètes se rapportent au même nom, ou lorsque deux noms forment une expression unique la répétition n'a plus lieu :

employé des eaux-et-forêts, des ponts-et-chaussées ; les ducs et pairs ; ma bonne et tendre amie ; dans la ville, ou village de Grasse.

CHAPITRE IV

DES ADJECTIFS

L'adjectif est un mot variable qu'on joint aux noms pour exprimer leurs diverses manières d'être.

Il y a six sortes d'adjectifs :

l'adjectif qualificatif, qui désigne la qualité, *habit noir*,
l'adjectif démonstratif, qui montre, *cet arbre*,
l'adjectif numéral, qui représente la quantité, *deux chapeaux*,
l'adjectif ordinal, qui marque l'ordre, *troisième soldat*,
l'adjectif possessif, qui indique la possession, *votre table*,
l'adjectif indéfini, qui annonce la généralité, *chaque homme*.

La terminaison masculine est la terminaison naturelle de l'adjectif; mais, comme celui-ci, dépendant des noms ou des pronoms qu'il accompagne, est obligé d'en adopter le nombre et le genre, il résulte que l'adjectif reçoit aussi la forme féminine.

On rend féminin un adjectif en ajoutant un *e* muet à sa terminaison masculine (sauf *ma, ta, sa*).

Seulement pour recevoir le *e* muet, cette terminaison se modifie d'une foule de manières bizarres qui ne sont soumises à aucune règle fixe et que l'habitude enseigne :

sensé sensée, premier première, cet cette, nul nulle, un une, ingrat ingrate, mortel mortelle, ancien ancienne, muet muette, complet complète, beau belle, mou molle, préfix préfixe, neuf neuve, heureux heureuse, gentil gentille, gros grosse, jumeau jumelle, blanc blanche, fou folle, long longue, caduc caduque, malin maligne, créateur créatrice, chanteur chanteuse, pêcheur pêcheresse, serviteur servante, exigu exigüe, vieux vieille, etc.

99 Quand les adjectifs sont déjà terminés au masculin par un *e* muet, ils n'en prennent pas un second au féminin :

homme modeste, femme modeste, notre chapeau, notre casquette, chaque homme, chaque femme.

100 [Quatre adjectifs, *bot, fat, vélin, dispos, résout*, ne sont pas usités au féminin.

Cinq autres ont une forme masculine pour précéder les consonnes: *beau, nouveau, fou, mou, vieux*; et une seconde forme masculine pour précéder les voyelles: *bel, nouvel, fol, mol, vieil.*

Deux servent pour les deux genres, *grognon, leur.*

Un n'a pas de masculin, *enceinte.*

(*Partisan, artisan, témoin* sont des noms et non pas des adjectifs.)]

La formation des pluriels n'étant pas la même pour les six sortes d'adjectifs, nous allons nous en occuper successivement à chaque rubrique.

DE L'ADJECTIF QUALIFICATIF

Les adjectifs qualificatifs s'ajoutent au nom pour exprimer ses diverses qualités.

Il y a deux sortes d'adjectifs qualificatifs : l'adjectif commun, simple ou composé ; l'adjectif propre, simple ou composé.

Pluriel des qualificatifs communs, simples

101 Le pluriel de tous les féminins d'adjectifs qualificatifs communs se forme par l'addition d'un *s* :

bénigne, bénignes; c'est peut-être la seule règle générale sauvée du naufrage prématuré des langues parfaites.

102 Le pluriel des masculins se forme aussi par l'addition d'un *s* :

jolis, bons, rares, charmants, prudents;

(Ceux qui écrivent *charmans, prudens* commettent une balourdise tout gratuite, contre laquelle la règle 68 n'a pas assez de rigueurs.)

premièrement == excepté les adjectifs terminés par *s* ou par *x* qui ne changent pas : 103

bosquet épais, bosquets épais, homme heureux, hommes heureux ;

deuxièmement == excepté les adjectifs terminés par *au* qui prennent un *x* : 104

homme beau, hommes beaux ;

troisièmement == excepté les adjectifs terminés en *al* qui font *aux* : 105

égal égaux, équatorial équatoriaux.

Voici la liste exacte de ceux qui restent dans la règle générale : 106

fatals, nasals, finals, navals, papals, matinals ;

et la liste de ceux dont le pluriel masculin n'est pas encore employé :

mental, boréal, brumal, conjectural, coronal, crucial, décanal, dental, diamétral, expérimental, férial, hiémal, hivernal, immémorial, lingual, moniacal, palatal, paroissial, patronal, sidéral, stational.

En cas de doute, adoptez toujours le pluriel en *als* qui est plus doux et qui devrait seul subsister.

Pluriel des qualificatifs communs composés

Comme dans les noms composés, le trait d'union, dans les adjectifs composés, a la propriété de tellement fondre entre eux les deux termes qu'ils forment un mot nouveau, et que le genre et le nombre ne se marquent qu'à la fin de celui-ci, d'après 107 les règles précédentes :

demi-morte, demi-transparente, semi-officielles, fleurs semi-doubles, femmes léger-vêtues, soies clair-semées, fleurs frais-écloses, pêches frais-cueillies, roses frais-épanouies 1, *hommes nouveau-débarqués, nouveau-convertis, femmes ivre-mortes, court-vêtues, jument long-jointée, fille nouveau-née, enfants nouveau-nés, enfants premier-nés, oranges aigre-douces, cheveux châtain-clairs, couleur bleu-claire* 2 *enfants mort-nés, comédie mort-née, soldats ivre-morts* etc.

1 Quelques personnes, sous prétexte d'euphonie, veulent faire une exception en faveur de ces trois adjectifs composés ; m'est avis que *frais-écloses* est bien plus doux que *fraîches-écloses.* Du reste l'unité, l'unité avant tout.

2 D'aucuns écrivent *cheveux châtain clair, couleur bleu clair.* Quelle différence, s'il vous plaît, entre *aigre* modifié par *doux,* et *châtain* modifié par *clair ?*

De l'adjectif qualificatif propre

J'appelle adjectif propre celui qui s'ajoute invariablement à certains êtres ou à certaines choses pour y tenir lieu de nom propre.

En dehors de cette définition générale, on peut dire, quant aux mots non compris dans le dictionnaire, qu'un adjectif propre est celui qu'on forme d'un nom propre pour donner à des noms communs quelque attribut de ce dernier :

îles Ioniennes, rue Mazarine, jeux Olympiques ;

et, quant aux mots compris dans le dictionnaire, qu'un adjectif propre est celui qui est appliqué invariablement comme nom à certaines choses déterminées.

mer Rouge, fleuve Jaune, le lac Salé.

Voilà les deux formes sous lesquelles se présente l'adjectif propre; voilà aussi des exemples auxquels tous les grammairiens et tous les typographes accordent la majuscule. Eh bien ! je demande pourquoi ces messieurs s'obstinent à la supprimer dans des mots absolument semblables, tels que *peuple Français, rivière Argentine, verve Rabelaisienne, armée Juariste.* Ne sont-ce pas là des adjectifs propres ? S'ils écrivent *mer Rouge,* de peur qu'on ne confonde avec *une mer rouge,* ne doivent-ils pas écrire *rivière Argentine* de peur qu'on ne confonde avec *une rivière argentine.* Je défie les partisans les plus entêtés des minuscules d'oser écrire sans A ni G les phrases que voici: *j'ai vu de très-beaux et très-riches navires à Marseille, mais le plus riche était un navire Argentin ; il y a en Suisse une république Grise.* Je les défie de traduire une page d'Italien [1] sans que l'absence de la majuscule ne les force à chercher inutilement dans le dictionnaire quelques uns de ces mots dont l'apparence commune est si trompeuse: *una città bella, una città svizzera, una nave nuova, nave egizia,* etc.

Je défie un Anglais non instruit de me dire ce qu'est *une verve rabelaisienne,* voire après qu'il aura feuilleté cinq cents vocabulaires Français, à la lettre R.

---

[1] *Parler anglais, connaître l'anglais, savoir le sanscrit,* ne peuvent prêter à l'amphibologie; on voit assez qu'il s'agit d'une langue, et que ces mots ne sont point employés adjectivement ; cependant les Anglais écrivent *I speak French.*

Je défie qu'on me trouve un enfant capable d'expliquer ce qu'est *une armée juariste*, s'il ne voit la majuscule à *Juariste.*

Quoi ! messieurs, pour faire distinguer entre toutes les mers, la mer à laquelle l'épithète *rouge* est spécialement appliquée, vous mettez une majuscule à l'adjectif commun *Rouge*, vous élevez le mot *Rouge* à la dignité de mot propre; et, quand le mot est déjà propre par lui-même, quand il s'agit de faire distinguer entre tous les peuples le peuple auquel l'épithète *Français* est spécialement appliquée, vous faites l'inverse, vous enlevez la majuscule. Oh ! par grâce, ayez pitié des étrangers, ayez pitié des commençants, ayez pitié de la logique.

Rouge est la qualification propre d'une mer, *Français* est la qualification propre d'un peuple : il n'y a pas de différence, il n'y a pas de milieu.

Un jour, au collège, dans une version Grecque, à propos d'un adjectif propre dicté sans majuscule, tous mes condisciples et moi avions fait le même contre-sens. « Comment ! » nous dit le lendemain le professeur « vous n'avez pas vu que c'est là un mot propre : vous êtes tous des nigauds. » — « Les nigauds sont ceux qui ne mettent pas de majuscules aux mots propres » m'écriai-je. Le professeur dut sentir qu'il avait tort, car il me donna immédiatement un pensum de cinq cents vers de Virgile.

Les qualificatifs propres, simples, suivent pour la formation du féminin et du pluriel, la loi des qualificatifs communs. Les qualificatifs propres composés changent en un *o* invariable la terminaison du premier terme : *Franco-Sarde*, *Anglo-Français*, *Anglo-Française*, *Anglo-Françaises*, etc.

Les trois degrés des qualificatifs

Le qualificatif peut exprimer la qualité d'un nom de trois manières différentes,

ou bien absolument :

mer Caspienne, habit noir, roses frais-écloses, homme aimé, armées Austro-Sardes;

ou bien comparativement :

1 . avec égalité

mon habit est aussi noir que le vôtre, il est autant aimé que vous, elle est aussi léger-vêtue que vous;

2 avec supériorité

mon habit est plus noir que le vôtre, il est mieux fait que le vôtre, elle est plus aimée que vous ; Annibal et Napoléon sont deux capitaines bien plus grands que tous les autres ;

3 avec infériorité

mon habit est moins noir que le vôtre, elle est moins aimée que vous, il est moins bien fait que le vôtre ; ma campagne est beaucoup moins productive et beaucoup moins étendue que la sienne ;

ou bien superlativement :

1 avec égalité

un habit très-noir, des femmes extrêmement court-vêtues, elle est fort aimée de tout le monde ; Masséna était un général en chef très-habile et très-opiniâtre ;

2 avec supériorité

l'habit le plus noir de tous, ton plus cher ami, le mieux fait de tous, la plus aimée de ses quatre filles ; Nice et Cannes sont les deux plus jolies villes du département des Alpes-maritimes ;

3 avec infériorité

l'habit le moins noir de tous, sa moins belle robe, le moins bien fait, la moins aimée de toutes, l'homme avare est l'homme le moins digne de l'estime publique.

109 Comme on le voit, d'après ces exemples, le degré absolu se compose de l'adjectif ou du participe lui-même.

110 Le degré comparatif se forme en mettant, pour l'égalité, *aussi* devant les adjectifs, et *autant* devant les participes ; pour la supériorité, en mettant *plus* dans les cas d'extension et *mieux* dans les cas de perfection ; pour l'infériorité, en mettant *moins* dans les cas d'extension et *moins bien* dans les cas de perfection.

111 Le degré superlatif se forme en mettant, pour l'égalité, un des mots *très, fort, extrêmement, bien, le plus, le mieux, le moins, infiniment*, etc ; pour la supériorité, suivant le sens, un des mots *mon, ton, son, le, la, les, nôtre, vôtre, leur, nos, vos, leurs* devant le comparatif de supériorité ; pour l'infériorité, en mettant un des mêmes mots devant le comparatif d'infériorité.

112 Observez que le comparatif se complète par *que*, et le superlatif par *de*.

Accord des qualificatifs

Quand un adjectif qualifie plusieurs noms ou plusieurs pronoms au singulier, il prend la marque du pluriel : 113
une prudence et une sagesse proverbiales; lui et moi sommes tranquilles;

à moins que le nom ou le pronom ne soit précédé d'une expression exclusive telle que *comme, aussi bien que,* etc : 114
L'autruche a la tête, ainsi que le cou, garnie de duvet. (Buffon)

Si de ces noms un est masculin et l'autre féminin, on énonce toujours le masculin le dernier, et l'adjectif se met au masculin pluriel : 115
il a montré une habileté et un courage surprenants.

Cette règle est logique chaque fois que chacun des noms a droit à la même ou aux mêmes épithètes :
un homme, une femme et un mannequin habillés de noir; une fille et un garçon aussi jolis que sages;

mais dès que deux adjectifs sont inapplicables au même nom, ils demandent chacun le nom auquel ils se rapportent. On dira donc : 116

Sans ellipse	Ou avec ellipse
les hommes bons et les hommes méchants.	*les hommes bons et les méchants.*
les matières politiques et les matières locales.	*les matières politiques et les locales.*
l'histoire ancienne et l'histoire moderne.	*l'histoire ancienne et la moderne.*
la langue Grecque et la langue Latine.	*la langue Grecque et la Latine.*
le premier étage et le second étage.	*le premier étage et le second.*

D'un autre coté, l'adjectif dépend du nom, le nom ne dépend point de l'adjectif. De sorte que la quantité des adjectifs ne pouvant influer sur le nom, elles commettent une faute contre toutes les grammaires humaines les personnes qui disent :
les hommes bon et méchant. j'ai deux garçons grand et petit. j'em-

porterai mes robes bleue et verte, les langues Grecque et Latine, les histoires ancienne et moderne, les paragraphes deux et trois, etc.

117 Néanmoins l'adjectif ne s'accorde qu'avec le dernier des noms énumérés, lorsque ceux-ci sont à peu près synonymes ou lorsqu'ils sont séparés par la conjonction *ou* :

sa vie n'a été qu'un travail, qu'une occupation continuelle; une lâcheté ou une prudence incontestable.

Il ne s'accorde plus du tout, lorsqu'il est pris d'une manière adverbiale :

ces fleurs sentent bon, ces gens parlent haut.

Anciens accords irréguliers

Trois qualificatifs, *nu, feu, demi*, ont donné lieu jusqu'à présent aux exceptions les plus extravagantes; et les grammairiens, ayant la mauvaise habitude de se copier les uns les autres, continuent de disserter sur ces exceptions plutôt que de les supprimer. Je conçois qu'on hésite à proclamer un changement qui contrarie l'oreille, mais pourquoi laisser subsister une anomalie qui blesse seulement les yeux?

Les premiers grammairiens ont rédigé leurs règles d'après les grands écrivains; aujourdhui les grands écrivains obéissent à une grammaire tout faite. Où Victor Hugo a-t-il appris la syntaxe, sinon au collège ? Avant la Révolution, le peuple ne savait pas lire; maintenant il apprend à lire, enseignez-le donc comme il faut. Si vous le voulez bien, ainsi que je le démontrerai ailleurs, « Usage lui-même sera obligé de plier. Sous Louis XIV, on disait: *l'enfant travaille pour soi; madame, êtes-vous malade? — je la suis.* Les grammairiens ont tenu bon contre cet abus, et voici que nous disons tous: *il travaille pour lui; madame, êtes vous malade? je le suis.* Il s'agit de vouloir, voilà tout.

118 *Nu* est un adjectif comme les autres.

Quelle différence entre *tête nue* et *nue tête?* Aucune. Écrivez donc *nue tête, pieds nus, nus pieds.* Vous vous rappelez que le trait d'union s'emploie avec deux termes d'un mot composé ou avec un mot qui n'a pas d'existence isolée. L'adjectif *nu* n'est dans aucun de ces cas; écrire *nu-tête*, c'est donc commettre très-inutilement une faute contre trois règles à la fois.

Feu est un adjectif comme les autres. 119

Écrivez *la feue reine, mes feus oncles, mon feu père*. L'expression *feu la reine* est un solécisme du moyen âge qui s'est perpétué jusqu'à nous, grâce aux linguistes qui l'enregistrent soit pour l'admettre, soit pour le combattre. Les paysans du nord disent encore *plein ma casquette, plein mes mains*; c'est la même erreur. Que penseriez-vous de *noble la reine, excellente notre impératrice ?*

Demi est un adjectif comme les autres. 120

Écrivez *demie heure, deux demis paniers, des demies rations*; comme vous écrivez déjà *trois mètres et demi* (*mètre*), *trois poignées et demie* (*poignée*), *trois heures et demie* (*heure*); comme on écrit en toutes langues *dimidius panis, dimidia hora, mezzo paniere, mezza brocca*, etc.

De plus, dès l'instant que *demi* est un adjectif subsistant par lui-même, il ne peut, à moins d'entrer dans des mots composés comme *demi-morte, demi-lune*, prendre le trait d'union. Autoriser *une demi-heure, trois demi-paniers*, c'est autoriser *une rapide-heure, trois beau-paniers*.

Place des qualificatifs

Les qualificatifs propres, simples ou composés, se placent après le nom : 121
   mer Caspienne, négociant Anglais, armée Austro-Russe, vase Chinois;

les qualificatifs communs composés, aussi : 122
   femme court-vêtue, roses frais-écloses, enfants demi-morts;

les qualificatifs participes, également : 123
   des femmes aimées, un homme estimé, des livres bien écrits.

Quant aux qualificatifs communs simples, dans deux circonstances seulement, ils ont une place fixe. Avec les noms propres, ils se mettent devant : 124
   l'inconstante Amélie, le beau Narcisse;

accompagnés d'un régime, ils se mettent après 125
   sujet fidèle à son roi, oiseau facile à prendre.

Partout ailleurs ils n'obéissent qu'à l'oreille : à l'exception, cependant de *feu* et de *demi* qui se placent toujours devant; à 126 l'exception des cas où la place de l'épithète change la signification du nom, comme dans

bon homme homme bon, grand homme homme grand, petit homme homme petit, certaine chose chose certaine, méchante poésie poésie méchante, pauvre auteur auteur pauvre, moyen âge âge moyen, nue propriété propriété nue, galant homme homme galant, grosse femme femme grosse, malhonnête homme homme malhonnête, dernière année année dernière, nouveau vin vin nouveau, petites maisons maisons petites, etc.

Règles de clarté

127 Dans une phrase, les adjectifs qualificatifs ainsi que les participes doivent toujours se rapporter à des noms exprimés:

étranger parmi vous, mon ambition est de vous plaire; court-vêtue, sa marche était rapide; dans une prison abandonné vingt ans, mes larmes t'imploraient.

Ces phrases sont fautives, parceque *étranger, court-vêtue* et *abandonné*, se rapportent à des noms sousentendus. Il faut dire : *étranger parmi vous, je mets mon ambition... court-vêtue, elle... abandonné, je t'implorais...* C'est une des fautes qui échappent le plus aux gens du monde.

128 On ne doit jamais appliquer aux êtres les épithètes qui ne conviennent qu'aux choses, et réciproquement :

Aux êtres	Aux choses
consolable, capable de, excusable, digne d'envie, etc.	inestimable, pardonable, susceptible de, déplorable, contestable, enviable, etc.

129 Il faut à chaque adjectif donner la préposition qui y convient :
un père utile et cher à sa famille et non pas *un père utile et chéri de sa famille*, car on ne peut après *utile* sousentendre la préposition *de*.

DE L'ADJECTIF DÉMONSTRATIF

L'adjetif démonstratif s'ajoute aux noms afin de les montrer, pour ainsi dire.

MASCULIN   cet cet, ces.
FÉMININ   cette   , ces.

On distingue l'adjectif *ce* du pronom *ce*, en ce que le premier accompagne toujours un nom :

ce héros, cet empereur, cette grande âme, cette habileté.

DE L'ADJECTIF NUMÉRAL

L'adjectif numéral s'ajoute aux noms pour exprimer leur nombre *(numerus)*.

Il y a donc autant d'adjectifs numéraux qu'il y a de nombres dans l'arithmétique.

Ils se placent toujours avant le nom : 130

deux arbres, vingt-un moutons, dix francs.

Beaucoup d'ignorantes personnes, surtout dans le commerce, écrivent *francs quatre*; elles écrivent sans doute aussi *chevaux trois, filles deux.* Laissons-les persister dans leur ignorance.

Ils n'admettent jamais l'interposition de la conjonction *et* : 131
dix-sept, vingt-un, mil huit cent-soixante, deux mille huit cent soixante-un avant J-C, mille trois cent vingt-quatre chevaux.

Ils sont toujours invariables : 132

premièrement == excepté *un* qui fait au féminin *une* ;

deuxièmement == excepté *million, billion* ou *milliard*, et *trillion* qui sont considérés comme des noms ;

troisièmement == excepté les multiples de *vingt* et de *cent* qui prennent le *s* devant les noms (qualifiés ou non, exprimés ou non).

Dans la règle	Dans l'exception
vingt hommes, cent hommes, chapitre quatre vingt, l'an mil sept cent, cent-trois, quatre vingt-trois, deux cent-dix, vingt-un, quatre vingt-deux.	*quatre vingts hommes, deux cents bons soldats, six vingts hommes, nous étions quatre vingts (personnes), nous étions trois cents (élèves).*

On comptait autrefois par vingts ou vingtaines comme par cents ou centaines. *Vingt* et *cent* sont donc de la même nature ; il faut donc 133 écrire *quatre vingts, six vingts, quatre cents, six cents.*

134 Comme on vient de le voir, *mille*, en tête d'un millésime, s'écrit *mil*.

Disons enfin, n'en déplaise aux destructeurs de langues, que les adjectifs réguliers, *septante*, *octante* et *nonante*, sont bien préférables à la périphrase *quatre vingts* et aux ridicules composés *soixante-dix*, *quatre-vingt-dix*. Pourquoi pas *trente-dix*, *cinquante-dix*? Pourquoi pas *version des soixante-dix*, au lieu de *version des septante*?

DE L'ADJECTIF ORDINAL

L'adjectif ordinal s'ajoute aux noms pour exprimer l'ordre qu'ils occupent.

Il se forme de l'adjectif numéral augmenté de la terminaison *ième* pour les deux genres :

un unième, deux deuxième, quatre quatrième, vingt-un vingt-unième, trente trentième, cent centième, mille millième.

135 A *unième* employé seul on substitue *premier*, *première*; *deuxième* subsiste concurremment avec *second*, *seconde*.

136 L'adjectif ordinal est toujours accompagné d'un déterminatif :
le deuxième soldat, cette quatrième loi, il est arrivé le troisième.

Les amateurs de chevaux écrivent tous les jours dans leurs gazettes Franco-Anglaises : *Bibi est arrivé second*; il est vrai qu'ils écrivent aussi : *Bibi, cheval à M le comte De ***. Tout cela fait sans doute partie du cathéchisme des maquignons.

DE L'ADJECTIF POSSESSIF

L'adjectif possessif s'ajoute aux noms pour indiquer par qui ils sont possédés.

MASCULIN	mon ton son notre votre leurs, mes tes ses nos vos leurs.
FÉMININ	ma ta sa mon ton son notre votre leur, mes tes ses nos vos leurs.

Toutes les fois qu'il ne peut y avoir doute, on emploie l'article 137
au lieu de l'adjectif possessif :

j'ai mal à la tête; en effet, je ne puis avoir mal à la tête d'un autre;

néanmoins on laisse l'adjectif possessif, quand on veut exprimer 138
une chose habituelle :

ma goutte me reprend, il a repris sa marotte.

Les singuliers *notre, votre, leur* s'emploient, lorsque le nom 139
est commun à tous les sujets de la phrase :

ils sont contents de leur sort, le lycée est leur prison;

les pluriels *nos, vos, leurs* s'emploient, lorsqu'il s'agit d'êtres 140
ou de choses distinctes et divisibles :

ces serpents qui sifflent sur nos têtes, ce sont nos enfants, il a oublié nos bontés.

En principe les adjectifs indirects *son, sa, ses, leur, leurs* ne 141
s'emploient que pour les personnes (pour les choses on se sert
de *en*).

Cependant on les emploie également pour les choses dans 142
deux cas :

premièrement, lorsque la chose qui possède et la chose possédée sont dans la même proposition :

toute campagne a ses fleurs;

secondement, lorsque la chose possédée, quoique dans une
proposition différente, est régime d'une préposition :

D'après l'exception	D'après la règle
Paris est une belle ville; j'admire la beauté de ses monuments.	Paris est une belle ville; j'en admire les monuments.

Répétition des adjectifs possessifs

Un adjectif qualifiant deux noms singuliers ne prend la marque du pluriel que placé après ceux-ci :

mère et père chéris et non *chers père et mère.*

C'est la même raison générale qui détermine la répétition des 143
adjectifs possessifs. On ne dira donc pas :

les père et mère, ses chapeau et voile mais bien *ton père et ta mère, son chapeau et son voile.*

DE L'ADJECTIF INDÉFINI

L'adjectif indéfini s'ajoute aux noms pour indiquer qu'ils sont pris dans un sens vague :

chaque	tel	même	quelconque
quel	nul	quelque	maint
tout	aucun	plusieurs	certain.

144 Parmi ces adjectifs, *chaque, maint, nul* et *aucun*, repoussant la marque du pluriel, ne peuvent jamais s'appliquer à des noms pluriels.

Dire *aucunes funérailles, maintes personnes, aucunes troupes* est aussi répréhensible que dire *aucuns monstres, nuls Romains.*

145 *Même* est adjectif, quand il précède immédiatement ou suit immédiatement un nom isolé ou un pronom isolé ; partout ailleurs il est adverbe :

Comme adjectif	Comme adverbe
ce sont les mêmes hommes, les poètes mêmes sont sujets à la mort, c'est lui-même, ce sont eux-mêmes. (ipsi en latin).	*obéissons aux lois même injustes ; il l'a même frappée ; les princes, les rois, les poètes même sont sujets à la mort ; et même vous, vous serez tués* (etiam en latin). Dans ces cas *même* peut se remplacer par *voire*.

146 Ne confondez pas *quel que* avec *quelque*.

Quel est toujours placé devant un verbe : *quels que soient ces discours.*

Quelque est toujours placé devant les noms soit seul, soit avec un autre adjectif : *quelques raisons, quelques bonnes raisons que vous puissiez donner ; il a fait quelques mauvais coups en sa vie.*

Lorsque *quelque* est adverbe, il suit la loi des adverbes : *quelque forts, quelque disciplinés que vous soyez, quelque habilement que vous agissez, vous ne réussirez pas.*

147 Les adjectifs indéfinis se répètent toujours, sauf *quelconque* : *un certain homme et une certaine femme, un homme et une femme quelconques.*

Chaque accompagne toujours un nom, en sa qualité d'adjectif : il faut donc dire *ces volumes coutent 3 francs chacun*, et d'un autre coté *chaque volume coute 3 francs*.

REMARQUES SUR QUELQUES ADJECTIFS

Coit, dissout, absout, résout, favorit, muscad doivent s'écrire ainsi d'après la règle donnée par Noël et Chapsal eux-mêmes, puisque les féminins sont *coite, dissoute, absoute, favorite, muscade*.

Tierce est le féminin de *tiers*.

Jaloux : on est jaloux de ce qu'on a.

Envieux : on est envieux de ce qu'ont les autres.

Juste : dites *comme il est juste, comme de raison* et non *comme de juste*.

Passagère : *hirondelle passagère, rue passante*.

Tous deux signifient *ensemble* ; **tous les deux**, *l'un et l'autre séparément*. Exemple : *ils sont allés tous deux à la campagne ; ils y sont allés tous les deux, à une heure d'intervalle chacun*.

Digne, indigne et le verbe **mériter** ne se disent que pour le bien : *il est digne, il n'est pas digne, il est indigne, il n'est pas indigne d'éloges ; il mérite des éloges ; il n'en mérite pas*. Pour le mal on se sert du verbe *encourir* : *vous avez encouru des reproches, vous n'en avez pas encouru*.

Éminent signifie *évident* ; **imminent** signifie *menaçant*. *Il y a péril éminent à traverser un fleuve débordé ; la maison va crouler, le péril est imminent*.

POST-SCRIPTUM.

J'ai oublié d'avertir que les fauteurs d'exceptions, indignés de voir que la règle des comparatifs allait passer absolue, nous ont imposé *meilleur* au lieu de *plus bon*. Est-ce pour l'oreille ? — Non. *Plus beau, plus bon, plus blanc*, tout cela se ressemble. Si c'est par déférence pour le latin, qu'ils nous laissent dire *meilleur* et *plus bon*, comme ils nous laissent dire *pire* et *plus mauvais, moindre* et *plus petit*. Au diable soient ces linguistes exceptionnels ! Dieu sait les taloches qu'ils m'ont values, avant que dans mon enfance mon esprit se soit plié à devenir ridicule en acceptant leur *meilleur*. Les gamins gardent *plus bon* jusqu'au lycée ; les étrangers, jusqu'à la mort : honneur au courage malheureux !

CHAPITRE V

DES PRONOMS

Le pronom, ainsi que l'indique la racine-latine du mot (*pro nomem*), est un mot variable qui remplace le nom.

Des cinq diverses manières dont s'établissent les rapports du nom, résultent cinq sortes de pronoms :

le pronom personatif, qui remplace en indiquant le rôle,
le pronom démonstratif, qui remplace en montrant,
le pronom possessif, qui remplace en indiquant la possession,
le pronom relatif, qui remplace en indiquant la relation,
le pronom indéfini, qui remplace d'une manière vague.

DU PRONOM PERSONATIF

Dans la conversation, les êtres ne peuvent jouer que trois rôles (en latin *persona*) : ou bien ils parlent, ou bien on leur parle, ou bien on parle d'eux.

Ce sont ces trois rôles que les pronoms personatifs sont spécialement chargés d'indiquer. Il y a donc des pronoms personatifs pour chaque rôle :

1ᵉʳ RÔLE   je me m' moi, nous.
2ᵉ RÔLE   tu te t' toi, vous.
3ᵉ RÔLE   il elle lui se s' l' le la en y, ils elles eux leur se s' les en y.

Certains grammairiens, au lieu du mot *rôle*, emploient le mot *personne*, sans remarquer la confusion où on jette l'esprit des commençants et des étrangers, lorsqu'à propos d'une table on leur dit : *elle, pronom personnel de la 3ᵐᵉ personne*. Si une table est un être personnel, ce ne sera jamais qu'une curieuse personne !

Quand aucun nom n'est antérieurement exprimé, l'emploi du pronom est abusif. 151

Ne dites pas *c'est un homme qui n'y voit goutte, cela n'en est pas moins vrai ;* dites *qui ne voit goutte, cela n'est pas moins vrai*.

Il en est de même pour le pronom neutre *le* qui remplace les adjectifs et les passés de participe. 152

Ne dites point *on ne détruit guère les abus comme ils devraient l'être*, mais *les abus ne sont pas détruits comme ils devraient l'être*. *Elle est plus instruite qu'elle ne le paraît*.

Règles de position

En tant que sujets, les pronoms personatifs se placent toujours devant le verbe : 153

j'aime, elle viendra, nous attendons ;

premièrement === excepté dans les phrases interrogatives : 154

veux-tu écouter ? est-elle tombée ? ;

deuxièmement === excepté dans les phrases subjonctives isolées : 155

dussé-je mourir, puisses-tu la voir ;

troisièmement === excepté quand les verbes indiquent qu'on rapporte les paroles de quelqu'un : 156

dit-il, répondirent-ils, ajoutai-je ;

quatrièmement === excepté quand le verbe est précédé d'un des mots *aussi, peutêtre, encore, toujours, envain, dumoins, aumoins :*

peutêtre viendra-t-il, toujours est-il que.

(L'observation de cette quatrième exception est facultative.)

En tant que régimes, les pronoms personatifs se placent devant le verbe, s'il est seul, et devant les infinitifs, s'il y en a : 157

Robert l'aime, je vais l'envoyer chercher, ces gens viennent vous chercher, ne me fais pas peur, se faire estimer.

En poésie on met quelquefois le pronom devant le premier verbe, malgré les infinitifs : *ces gens vous viennent chercher.* C'est une licence.

158   Il n'y a qu'une exception en faveur de l'impératif affirmatif :
pends-toi, brave Crillon; rendez-vous.

Le fameux vers
Polissez-le sans cesse et le repolissez

est une faute commise par Boileau, à cause de la nécessité de la rime.

159   Lorsqu'il y a simultanément un pronom direct et un pronom indirect, le pronom direct se place le premier :
donnez-le-moi, Charles le lui donna, envoyez-m'y, menez-l'y.

Dans une énumération, par politesse, *moi* et *nous* se placent toujours les derniers.

Répétition des pronoms personnatifs

Comme sujets, les pronoms personnatifs se répètent ou ne se répètent point, suivant qu'on veut donner de l'énergie ou de la rapidité à la phrase :
je t'aime, et je veux te le prouver ; il arrive, attaque les ennemis, et les bat.

160   mais si les propositions sont dissemblables, ils se répètent toujours :
je ne recule pas, mais je romps ; je pars, et je ne reviendrai plus.

161   Comme régimes, les pronoms personnatifs se répètent devant chaque verbe et devant chaque auxiliaire :
il me punit et me bat sans cesse, il m'a punie et m'a battue sans cesse. Sans le second auxiliaire on pourrait dire *il m'a punie et battue sans cesse.*

Emploi de quelques pronoms personnels

162   *Soi,* toujours singulier, ne sert que pour les personnes et quand il y a un infinitif ou un mot vague :
rapporter tout à soi, c'est être égoïste ; on ne doit jamais parler de soi.

Les phrases *l'aimant attire le fer à soi, la corde entraînait le cadavre avec soi*, sont des phrases fautives, renouvelées du XVII° siècle.

Gardez-vous d'écouter les gens qui, sous prétexte de vous faire éviter une équivoque, vous conseillent *soi*, dans cette phrase : *en remplissant les volontés de son père, ce jeune homme travaille pour soi;* on ne corrige pas une amphibologie par une faute de français. Dans des cas pareils, tournez la phrase : *en remplissant les volontés paternelles, ce jeune homme travaille pour lui*.

Leur, lui, eux, elle, elles, employés comme régimes indirects, ne s'appliquent qu'aux êtres ; pour les choses on doit se servir de *en* et de *y* :

Pour les êtres	Pour les choses
ils me menacent, je me moque d'eux.	*si je me fais mal, je m'en moque.*
ces enfants veulent s'amuser, donnez-leur des joujoux.	*ma maison est petite, j'y ferai ajouter une aile.*
ce cheval a faim, donnez-lui du foin.	*si ce livre est bien fait, soyez-y favorable.*
ce cheval est rétif, n'approchez pas de lui.	*ces lettres sont mal peintes, j'y ferai repasser une couche de couleur.*

Le, la, les varient lorsqu'ils représentent des noms, évidemment :
êtes-vous la mère de ces charmantes jeunes filles? — je la suis; êtes-vous les malades que je dois ausculter? — nous les sommes; vous êtes les auteurs du trouble qui a eu lieu cette nuit? — nous les sommes.

Mais comme leur nature ne leur permet point de remplacer un adjectif qualificatif ou un nom pris adjectivement, quand un de ces derniers mots se présente, on le remplace par le pronom neutre *le* (*cela*) :
êtes-vous mère? — je le suis (je suis cela); êtes-vous malades? — nous le sommes (nous sommes cela).

Il résulte des trois règles précédentes qu'au lieu de donner naissance à de nouvelles règles, comme le professent quelques grammatistes, les cinq phrases suivantes sont tout bonnement irrégulières :

Ne dites pas	Dites
est-ce que nous sommes la cause qu'ils s'en éloignent ? — oui nous le sommes. (Marmontel)	nous la sommes...
ils aimaient leurs parents et en étaient tendrement aimés. (Montesquieu)	aimés d'eux...
plus on approfondit l'homme, plus on y démêle de faiblesse. (Marmontel)	on démêle en lui...
quoique je parle beaucoup de vous, ma fille, j'y pense encore davantage. (De Sévigné)	je pense à vous...
vous dites qu'il aime son frère, je crois qu'il n'aime que soi.	vous dites qu'il aime son frère c'est lui-même qu'il aime et non son frère.

166 Par politesse, on emploie dans les langues modernes *nous* et *vous* pour *moi* et *toi*; les épithètes restant alors au singulier :

nous sommes étonné qu'on nous demande; vous êtes aimable et aimée.

DU PRONOM DÉMONSTRATIF

Les pronoms démonstratifs sont :

MASCULIN   celui celui-ci celui-là, ceux ceux-ci ceux-là.
FÉMININ   celle celle-ci celle-là, celles celles-ci celles-là.
NEUTRE   ce ceci cela.

167 Les pronoms démonstratifs doivent toujours être déterminés par un membre de phrase; par suite ils ne peuvent précéder immédiatement un adjectif ou un participe.

On dira donc	On ne dira pas
j'ai pris celle qui est bonne.	j'ai pris celle bonne.
j'ai vu celle que vous avez écrite.	j'ai vu celle écrite par vous.
ce que vous avez fait.	cela fait par vous.

168 Quand le pronom *ce* commence le premier membre d'une phrase, on le répète devant le verbe *être* du second membre :

ce que j'aime, c'est l'avalanche ; ce qui m'indigne le plus, ce sont les injustices.

Après un infinitif et après une courte inversion grammaticale, 169
les bons écrivains emploient *ce* pour donner plus d'énergie à la
phrase :
*mourir, c'est changer de vie ; la véritable noblesse, c'est la vertu ;
le seul moyen qui reste, c'est la lutte.*

Ce, régime, ne peut s'élider que devant *à quoi* : 170
divinez à quoi je pense. L'expression de Racine *Rome attend que
deviendra le destin* est une faute.

Les pronoms, *celui-ci, celle-ci, ceci* se rapportent aux noms 171
les plus rapprochés ; *celui-là, celle-là, cela* aux noms les plus
éloignés :
*Pascal et Newton sont deux grands géomètres ; celui-ci appartient à
l'Angleterre, celui-là à la France.*

DU PRONOM POSSESSIF

Les pronoms possessifs sont :

MASCULIN   le mien   le tien   le sien   le nôtre   le vôtre   le leur,
les miens   les tiens   les siens   les nôtres   les vôtres   les leurs.

FÉMININ   la mienne   la tienne   la sienne   la nôtre   la vôtre
la leur, les miennes   les tiennes   les siennes
les nôtres   les vôtres   les leurs.

Les pronoms possessifs exigent toujours avant eux la mention 172
du nom qu'ils remplacent :
*vos bouquets se vendent plus que les nôtres ; quel est ce chapeau ?
— c'est le mien.*

Avis aux négociants qui s'obstinent à écrire : *en réponse à la
vôtre en date du...* etc.

DU PRONOM RELATIF

Les pronoms relatifs sont :

MASCULIN   qui que duquel dont lequel auquel, lesquels
desquels auxquels dont qui que.

FÉMININ   qui que de laquelle à laquelle laquelle dont,
desquelles lesquelles auxquelles dont qui
que.

NEUTRE   quoi qui que dont où.

173 Les pronoms relatifs sont toujours relatifs à un nom ou à un pronom qui précède et que pour cette raison on appelle l'antécédent du pronom :
> ce sont les personnes que nous aimons, c'est elle qui se rendit ;

quelques fois l'antécédent est sousentendu :
> qui a fait cela ? équivaut à quelle est la personne qui a fait cela ?

C'est simplement parcequ'elles pêchent contre cette règle, que les phrases suivantes sont fautives : *la pluralité des dieux est une chose qu'on ne peut s'imaginer qui ait été adoptée* (Restaud). *Tel homme qui joue parceque des maisons de jeu sont établies, qui n'y penserait même pas si ces maisons étaient inconnues.*

Règles d'accord

174 Le pronom relatif prend toujours le nombre, le genre et le rôle de son antécédent :
> la maison à laquelle je travaille, les joujoux auxquels je tiens fort.

175 Par suite il impose à son verbe le nombre, le genre et le rôle du même antécédent :
> Irma, qui est très-aimée, nous a rendu visite ; les chevaux, qui étaient déjà fatigués, n'ont plus voulu marcher.

176 La règle n'a plus lieu si le nom régime peut avoir une existence indépendante du pronom sujet :
> vous raisonnez comme une personne qui déraisonne, je suis un des soldats qui entrèrent par la brèche.

177 Il va sans dire que les adjectifs et les noms, qui subissent eux-mêmes la loi de l'antécédent, ne peuvent influer en rien sur l'accord entre cet antécédent et le pronom relatif :
> je suis Diomède, roi d'Italie, qui blessai Vénus ; nous étions deux républicains qui pensions ainsi ; c'est moi seul qui peux ; je suis le seul qui puisse te sauver.

Règles de clarté

178 Le pronom relatif ne peut être séparé de son antécédent que par une épithète ou par un génitif :
> la femme charmante que j'aime ; les lettres de ma sœur que j'ai toutes lues.

L'observation de cette règle, que j'appelle règle des antécédents, l'observation de la règle des génitifs, et l'observation de la règle des *que*, ci-dessous donnée, suffisent à elles seules pour constituer la limpidité du style. Essayez, et vous m'en donnerez des nouvelles.

Jamais dans la même proposition deux *qui* ni deux *que* ne doivent entrer avec un sens différent : 179

Ne dites pas	Dites
j'ai vu l'homme qui portait le tableau qui doit vous servir.	j'ai vu l'homme qui portait le tableau dont vous devez vous servir.
le paysage que j'ai vu de la terrasse que vous possédez.	le paysage que j'ai vu de votre terrasse.
je connais des gens qui s'irritent des choses nouvelles qui se présentent à eux, et qui les blâment.	... des choses nouvelles qu'ils voient.

Toutes les fois que la relation est douteuse, on remplace *qui*, *que*, *dont* par *lequel*, *laquelle*, *duquel*, *de laquelle* : 180
    la vivacité de mon oncle, duquel j'ai hérité, est cause que... la vivacité de mon oncle, de laquelle j'ai hérité, est cause que...

De qui, *dont*, *duquel*, *de laquelle*, n'admettent jamais un régime ni un verbe indirects après eux : 181
    l'homme s'élève jusqu'à la connaissance de son auteur, dont il cherche à se rapprocher des infinies perfections (INDUSTRIE ILLUSTRÉE). Il faudrait : *à égaler les infinies perfections*.

Emplois différents

Quand ils sont régimes d'une préposition, *qui* s'applique aux personnes, et *quel* aux choses : 182
    l'avocat à qui j'ai confié mon affaire; le cheval sur lequel j'ai galoppé; l'homme pour qui et le navire pour lequel je plaide.

Où ne se dit plus pour *auquel*, *à laquelle* : 183
    la douleur à laquelle je m'abandonne et non *où je m'abandonne*.

Dont s'emploie pour la relation, pour la génération et pour l'extraction chimique ; pour l'extraction de lieu on se sert de *d'où* : 184

On dira donc *la personne dont je vous parle, les Gaulois dont nous descendons, les roses dont on extrait l'essence, les pavots dont on retire l'opium*, parceque ces membres de phrases rentrent dans le premier cas ; et on dira d'un autre coté *la ville d'où je viens, les carrières d'où ils extraient le plâtre*, et voire au figuré, *le péril d'où il sort, le déshonneur où il est tombé*, parceque ces membres de phrases éveillent l'idée d'une localité réelle ou imaginaire.

DU PRONOM INDÉFINI

Les pronoms indéfinis sont :

quiconque	l'un et l'autre	on
quelqu'un	personne	autrui.
l'un l'autre	chacun	

Le pronom *on*, naturellement singulier masculin, est quelques fois féminin, et quelques fois pluriel, quand le genre ou le nombre apparait parfaitement :

quand on est belles comme vous, mesdames, on doit être bonnes ; une fois mariée, on ne doit plus être enfantine ;

(J'ai déjà dit que la lettre euphonique *l*, mise devant *on*, est une inutilité en prose ; elle doit être entièrement réservée à la poésie pour éviter le hiatus.)

185 mais il ne peut avoir deux applications différentes dans la même phrase comme ci-dessous :

quand on est méchant, on doit s'attendre à ce qu'on ne vous aime pas.

186 Le pronom *personne* est toujours masculin singulier :

personne ne sera assez sot pour le faire.	(*pas une personne ne sera assez sotte pour le faire.*)

187 *L'un et l'autre* marque simplement la dualité ; *l'un l'autre*, la réciprocité :

Dualité	Réciprocité
l'un et l'autre sont deux bons professeurs.	*ces époux s'aiment l'un l'autre.*
les uns et les autres sont de bons soldats.	*les insurgés s'excitaient les uns les autres.*

Chacun, précédé d'un sujet pluriel, prend *son, sa, ses*, quand il s'applique à l'individualité; il prend *leur*, *leurs*, quand il s'appliquo à la totalité :

Individualité	Totalité
les officiers se sont retirés, chacun dans sa tente.	*les magistrats ont quitté chacun leur costume.*
ils se sont habillés, chacun selon ses moyens.	*les députés ont donné chacun leur avis (et chacun selon ses opinions).*
ils entreront, chacun à son tour.	

Quelqu'un fait au féminin *quelqu'une*, *quelqu'autre*, et au pluriel *quelques uns*, *quelques unes*, *quelques autres*. *Quelques-uns* est abusif, *quelques'uns* est une balourdise.

189

CHAPITRE VI

DES VERBES

Le verbe est un mot variable qui marque l'action ou l'état.
Je mange, je marche, je languis, je dors.
Il y a trois sortes de verbes :

le verbe direct, qui a un régime direct,
le verbe indirect, qui a un régime indirect,
le verbe absolu, qui n'a pas de régime.

Je fais grâce à mes lecteurs de la formidable quantité de verbes en *tif* dont sont attifées toutes les grammaires populaires.

Devant marquer l'action ou l'état, les verbes ont naturellement deux formes différentes pour rendre soit l'action, soit l'état. Ce sont la forme active et la forme passive.

Les Grecs et les Latins avaient pour chaque forme une conjugaison distincte ; les anciens grammairiens avaient vu là deux sortes de verbes, et leurs copistes n'ont cessé de répéter la même ineptie. Je demande si *aime, aimassions, je suis aimé, tu aimeras, soyez aimée*, etc, ne sont pas autant d'aspects du même mot *aimer*, autant de phases diverses du même sentiment ?

Outre la forme passive et la forme active, les verbes ont encore une forme dite pronominale. On obtient cette forme en ajoutant aux verbes, en dehors du sujet, un pronom du même rôle que ce dernier :

Je me flatte, ces enfants s'aiment, deux rivales se détestent.

Chacune des trois sortes de verbes admet les trois formes :

VERBES DIRECTS

Forme active	Forme passive	Forme pronominale
j'aime,	je suis aimée,	ces enfants s'aiment,
elles frappent.	elles sont accusées.	nous nous sommes arrogé des droits.

VERBES INDIRECTS

Forme active	Forme passive	Forme pronominale
tu vas à,	je suis partie de,	nous nous sommes abstenus de,
j'ai succédé à,	nous sommes allés à,	nous nous repentons de,
il a descendu de trois degrés.	nous sommes descendus de.	nous nous sommes succédé (à nous).

VERBES ABSOLUS

Forme active	Forme passive	Forme pronominale
j'ai marché,	il est arrivé que,	nous nous sommes imaginés que,
il règne,	il est advenu que.	elle s'est persuadé que.
il pleut,		
il a fallu,		
il y a eu.		

La fonction du verbe étant d'exprimer l'action ou l'état, on comprend que, dans toutes les langues, ce mot se soit modifié selon les genres, les nombres et les rôles des noms, selon la manière dont il doit exprimer l'action ou l'état, et selon le moment de cette action ou de cet état. Aussi ont été créés pour les verbes :

LES NOMBRES
    le singulier, *il chante, aimé, il dort, incendié, il parle* ;
    le pluriel, *ils chantent, aimés, ils dorment, incendiés, ils parlent* ;

LES RÔLES
    le premier rôle, *je parle, j'aime, nous chantons* ;
    le deuxième rôle, *tu chantes, tu parles, vous chantez* ;
    le troisième rôle, *il parle, elle chante, ils parlent, elles chantent* ;

LES GENRES
    le masculin, *il chante, aimé, pardonné* ;
    le féminin, *elle chante, aimée, pardonnée* ;

LES MODES

l'indicatif, quand il y a état ou action, d'une manière absolue, *elle mange, elle est ;*

le conditionnel, quand il y a condition, *si vous étiez aimable, vous feriez cela ;*

l'impératif, quand il y a commandement, *faites cela, soyez sage, ayez fini dans une heure ;*

le subjonctif, quand il y a dépendance, *je désire que vous veniez, je veux que tu partes ;*

l'infinitif, quand l'idée est vague, *il faut aimer son prochain comme soi-même ;*

le participe, quand le verbe est réuni à un nom ou à un pronom, *des hommes aimés, elle est aimée ;*

LES TEMPS

le présent, qui affirme la chose comme existant au moment de la parole, *je mange, je sommeille ;*

le passé imparfait, qui l'affirme comme ayant été présente à un moment déjà écoulé, *je dormais quand vous entrâtes ;*

le passé parfait, qui l'affirme comme complètement écoulée, *les Romains conquirent la terre ;*

le passé mi-parfait, qui l'affirme comme non complètement écoulée ou comme écoulée depuis peu, *j'ai écrit aujourdhui, cette année ; j'ai reçu cela le mois dernier ;*

le passé plus-que-parfait, qui l'affirme comme complètement écoulée relativement à un moment complètement écoulé lui-même, *j'avais fini, quand vous vintes me voir ;*

le passé antérieur, qui l'affirme comme antérieure à un passé parfait, *quand j'eus fini, je partis ;*

le passé mi-antérieur, qui l'affirme comme antérieure à un passé mi-parfait, *quand j'ai eu fini,* [1] *j'ai mangé ;*

le futur, qui l'affirme comme devant avoir lieu, *je partirai, je me résignerai ;*

le futur antérieur, qui l'affirme comme devant avoir lieu avant une époque à venir, *j'aurai fini, ayez fini dans huit jours.*

Donner à un verbe toutes les diverses terminaisons qu'exige l'expression variée du nombre, du genre, du rôle, du mode et du temps, c'est ce qu'on appelle conjuguer un verbe.

Il y a en français quatre manières de conjuguer les verbes.

---

1 Chose bizarre ! ce passé si usuel, qui est une richesse de notre langue, est omis par tel grammairien et déclaré rare par tel autre.

On reconnait qu'un verbe entre dans telle de ces quatre manières, selon que son mode infinitif, le seul qui soit invariable, est terminé par *er*, par *ir*, par *oir*, ou par *re*.

Un verbe direct, *avoir*, et un verbe absolu, *être*, sont aussi appelés auxiliaires, parcequ'ils servent à conjuguer tous les autres.

Je vais présenter un modèle de chaque conjugaison, non que je doute de la mémoire de mes lecteurs, mais pour montrer la commodité du nouvel arrangement que je donne au tableau.

MODE INDICATIF

Présent

Partie commune.	être.	avoir.	1re conjug.	2me conjug.	3me conjug.	4me conjug.
je	suis	ai	aim *e*	fin *is*	reç *ois*	rend *s*
tu	es	as	aim *es*	fin *is*	reç *ois*	rend *s*
il ou elle	est	a	aim *e*	fin *it*	reç *oit*	ren *d*
nous	sommes	avons	aim *ons*	finiss *ons*	rec *evons*	rend *ons*
vous	êtes	avez	aim *ez*	finiss *ez*	rec *evez*	rend *ez*
ils ou elles	sont	ont	aim *ent*	finiss *ent*	reç *oivent*	rend *ent*

Passé imparfait

je	étais	avais	aim *ais*	finiss *ais*	recev *ais*	rend *ais*
tu	étais	avais	aim *ais*	finiss *ais*	recev *ais*	rend *ais*
il	était	avait	aim *ait*	finiss *ait*	recev *ait*	rend *ait*
nous	étions	avions	aim *ions*	finiss *ions*	recev *ions*	rend *ions*
vous	étiez	aviez	aim *iez*	finiss *iez*	recev *iez*	rend *iez*
ils	étaient	avaient	aim *aient*	finiss *aient*	recev *aient*	rend *aient*

Passé parfait

je	fus	eus	aim *ai*	fin *is*	reç *us*	rend *is*
tu	fus	eus	aim *as*	fin *is*	reç *us*	rend *is*
il	fut	eut	aim *a*	fin *it*	reç *ut*	rend *it*
nous	fumes	eumes	aim *âmes*	fin *îmes*	reç *umes*	rend *îmes*
vous	fûtes	eûtes	aim *âtes*	fin *îtes*	reç *utes*	rend *îtes*
ils	furent	eurent	aim *èrent*	fin *irent*	reç *urent*	rend *irent*

Passé mi-parfait

j'ai	été	eu	aim *é*	fin *i*	reç *u*	rend *u*
tu as	été	eu	aim *é*	fin *i*	reç *u*	rend *u*
il a	été	eu	aim *é*	fin *i*	reç *u*	rend *u*
nous avons	été	eu	aim *é*	fin *i*	reç *u*	rend *u*
vous avez	été	eu	aim *é*	fin *i*	reç *u*	rend *u*
ils ont	été	eu	aim *é*	fin *i*	reç *u*	rend *u*

Passé plus-que-parfait

j'avais	été	eu	aim *é*	fin *i*	reç *u*	rend *u*
tu avais	été	eu	aim *é*	fin *i*	reç *u*	rend *u*
il avait	été	eu	aim *é*	fin *i*	reç *u*	rend *u*
nous avions	été	eu	aim *é*	fin *i*	reç *u*	rend *u*
vous aviez	été	eu	aim *é*	fin *i*	reç *u*	rend *u*
ils avaient	été	eu	aim *é*	fin *i*	reç *u*	rend *u*

Passé antérieur

j'eus	été	eu	aim *é*	fin *i*	reç *u*	rend *u*
tu eus	été	eu	aim *é*	fin *i*	reç *u*	rend *u*
il eut	été	eu	aim *é*	fin *i*	reç *u*	rend *u*
nous eumes	été	eu	aim *é*	fin *i*	reç *u*	rend *u*
vous eutes	été	eu	aim *é*	fin *i*	reç *u*	rend *u*
ils eurent	été	eu	aim *é*	fin *i*	reç *u*	rend *u*

Passé mi-antérieur

j'ai eu			aim *é*	fin *i*	reç *u*	rend *u*
tu as eu			aim *é*	fin *i*	reç *u*	rend *u*
il a eu			aim *é*	fin *i*	reç *u*	rend *u*
nous avons eu	(n'existent pas)		aim *é*	fin *i*	reç *u*	rend *u*
vous avez eu			aim *é*	fin *i*	reç *u*	rend *u*
ils ont eu			aim *é*	fin *i*	reç *u*	rend *u*

Futur simple

je	serai	aurai	aimer *ai*	finir *ai*	recevr *ai*	rendr *ai*
tu	seras	auras	aimer *as*	finir *as*	recevr *as*	rendr *as*
il	sera	aura	aimer *a*	finir *a*	recevr *a*	rendr *a*
nous	serons	aurons	aimer *ons*	finir *ons*	recevr *ons*	rendr *ons*
vous	serez	aurez	aimer *ez*	finir *ez*	recevr *ez*	rendr *ez*
ils	seront	auront	aimer *ont*	finir *ont*	recevr *ont*	rendr *ont*

Futur antérieur

j'aurai	été	eu	aim *é*	fin *i*	reç *u*	rend *u*
tu auras	été	eu	aim *é*	fin *i*	reç *u*	rend *u*
il aura	été	eu	aim *é*	fin *i*	reç *u*	rend *u*
nous aurons	été	eu	aim *é*	fin *i*	reç *u*	rend *u*
vous aurez	été	eu	aim *é*	fin *i*	reç *u*	rend *u*
ils auront	été	eu	aim *é*	fin *i*	reç *u*	rend *u*

MODE CONDITIONNEL

Présent

je	serais	aurais	aimer *ais*	finir *ais*	recevr *ais*	rendr *ais*
tu	serais	aurais	aimer *ais*	finir *ais*	recevr *ais*	rendr *ais*
il	serait	aurait	aimer *ait*	finir *ait*	recevr *ait*	rendr *ait*

nous	serions	aurions	aimer *ions*	finir *ions*	recevr *ions*	rendr *ions*
vous	seriez	auriez	aimer *iez*	finir *iez*	recevr *iez*	rendr *iez*
ils	seraient	auraient	aimer *aient*	finir *aient*	recevr *aient*	rendr *aient*

Passé (1ʳᵉ tournure)

j'aurais	été	eu	aim *é*	fin *i*	reç *u*	rend *u*
tu aurais	été	eu	aim *é*	fin *i*	reç *u*	rend *u*
il aurait	été	eu	aim *é*	fin *i*	reç *u*	rend *u*
nous aurions	été	eu	aim *é*	fin *i*	reç *u*	rend *u*
vous auriez	été	eu	aim *é*	fin *i*	reç *u*	rend *u*
ils auraient	été	eu	aim *é*	fin *i*	reç *u*	rend *u*

Passé (2ᵐᵉ tournure)

j'eusse	été	eu	aim *é*	fin *i*	reç *u*	rend *u*
tu eusses	été	eu	aim *é*	fin *i*	reç *u*	rend *u*
il eût	été	eu	aim *é*	fin *i*	reç *u*	rend *u*
nous eussions	été	eu	aim *é*	fin *i*	reç *u*	rend *u*
vous eussiez	été	eu	aim *é*	fin *i*	reç *u*	rend *u*
ils eussent	été	eu	aim *é*	fin *i*	reç *u*	rend *u*

MODE SUBJONCTIF

Présent

que je	sois	aie	aim *e*	finiss *e*	reçoiv *e*	rend *e*
que tu	sois	aies	aim *es*	finiss *es*	reçoiv *es*	rend *es*
qu'il	soit	ait	aim *e*	finiss *e*	reçoiv *e*	rend *e*
que nous	soyons	ayons	aim *ions*	finiss *ions*	recev *ions*	rend *ions*
que vous	soyez	ayez	aim *iez*	finiss *iez*	recev *iez*	rend *iez*
qu'ils	soient	aient	aim *ent*	finiss *ent*	reçoiv *ent*	rend *ent*

Passé imparfait

que je	fusse	eusse	aim *asse*	finis *se*	reçus *se*	rendis *se*
que tu	fusses	eusses	aim *asses*	finis *ses*	reçus *ses*	rendis *ses*
qu'il	fût	eût	aim *ât*	finî *t*	reçû *t*	rendî *t*
que nous	fussions	eussions	aim *assions*	finis *sions*	reçus *sions*	rendis *sions*
que vous	fussiez	eussiez	aim *assiez*	finis *siez*	reçus *siez*	rendis *siez*
qu'ils	fussent	eussent	aim *assent*	finis *sent*	reçus *sent*	rendis *sent*

Passé mi-parfait

que j'aie	été	eu	aim *é*	fin *i*	reç *u*	rend *u*
que tu aies	été	eu	aim *é*	fin *i*	reç *u*	rend *u*
qu'il ait	été	eu	aim *é*	fin *i*	reç *u*	rend *u*
que nous ayons	été	eu	aim *é*	fin *i*	reç *u*	rend *u*
que vous ayez	été	eu	aim *é*	fin *i*	reç *u*	rend *u*
qu'ils aient	été	eu	aim *é*	fin *i*	reç *u*	rend *u*

Passé plus-que-parfait

que j'eusse	été	eu	aim é	fin i	reç u	rend u
que tu eusses	été	eu	aim é	fin i	reç u	rend u
qu'il eût	été	eu	aim é	fin i	reç u	rend u
que nous eussions	été	eu	aim é	fin i	reç u	rend u
que vous eussiez	été	eu	aim é	fin i	reç u	rend u
qu'ils eussent	été	eu	aim é	fin i	reç u	rend u

MODE IMPÉRATIF

Présent

sois	aie	aim e	fin is	reçoi s	rend s
soyons	ayons	aim ons	finiss ons	recev ons	rend ons
soyez	ayez	aim ez	finiss ez	recev ez	rend ez

Futur antérieur

aies		aim é	fin i	reç u	rend u
ayons	(n'existent pas)	aim é	fin i	reç u	rend u
ayez		aim é	fin i	reç u	rend u

MODE INFINITIF

Présent

être	avoir	aim er	fin ir	recev oir	rend re

Passé

avoir	été	eu	aim é	fin i	reç u	rend u

MODE PARTICIPE

Présent

étant	ayant	aim ant	finiss ant	recev ant	rend ant

Passé parfait

ayant	été	eu	aim é	fin i	reç u	rend u

Passé

	été	eu	aim é	fin i	reç u	rend u

Futur

(devant)	être	avoir	aim er	fin ir	recev oir	rend re

Comme on voit, chaque conjugaison a deux séries de temps : les temps simples et les temps composés.

Pour les deux auxiliaires, les temps composés sont constitués par la répétition de l'auxiliaire lui-même ; pour les autres verbes, les temps composés sont constitués par la réunion d'un auxiliaire et du passé du participe.

La forme passive des verbes directs s'obtient en conjuguant entièrement l'auxiliaire *être*, augmenté du passé du participe de ces verbes :

je suis aimé,	*tu auras été aimée,*	*qu'elle eût été aimée,*
tu étais aimée,	*elle serait aimée,*	*soyons aimés,*
il fut aimé,	*nous aurions été aimés,*	*être aimé,*
nous avons été aimés,	*vous eussiez été aimées,*	*avoir été aimé,*
vous aviez été aimées,	*qu'ils soient aimés,*	*étant aimée,*
ils eurent été aimés,	*que je fusse aimé,*	*ayant été aimée,*
je serai aimé,	*que tu aies été aimée,*	*devant être aimé.*

Certains verbes indirects se conjuguent entièrement sur les modèles ci-dessus ; d'autres, aux temps composés, remplacent *avoir* par *être* :

je succède, tu succédas, nous succédâmes, j'ai succédé, elles avaient succédé, ils auront succédé, que nous eussions succédé, etc ;

je pars, tu partis, nous partîmes, je suis parti, elles étaient parties, ils seront partis, que nous fussions partis, etc.

Il en est de même des verbes absolus : *régner* se conjugue d'après les modèles ci-dessus, *advenir* prend l'auxiliaire *être*.

La forme pronominale exige toujours l'auxiliaire *être,* même dans les verbes directs :

je me suis flattée	au lieu de *je m'ai flattée ;*
nous nous sommes arrogé	*nous nous avons arrogé ;*
elle s'est piquée	*elle s'a piquée.*

Si tous les verbes étaient réguliers, la connaissance des terminaisons des quatre conjugaisons suffirait pour écrire tous les verbes de notre langue ; malheureusement le grec et le latin nous ont laissé le triste héritage de leur imperfection et de leurs verbes irréguliers.

De là, nécessité de diviser aussi les temps en primitifs et en dérivés, pour qu'à l'aide des premiers la conjugaison des seconds soit possible.

Il y a cinq temps primitifs: le présent et le passé parfait de l'indicatif, le présent et le passé du participe, le présent de l'infinitif.

Du présent de l'indicatif on forme l'impératif en supprimant le pronom :

tu finis, finis ; nous recevons, recevons ; vous rendez, rendez.

Pour les verbes de la première conjugaison, les grammairiens, honteux d'une règle si simple et si générale, ont vite commandé d'enlever le s du deuxième rôle singulier, afin d'avoir le plaisir de le faire remettre devant *y* et *en*: *travailles-y, donnes-en, vas-y*. Beaucoup de personnes ont le bon esprit d'éviter la contre-exception en n'acceptant pas l'exception; elles écrivent *manges, travailles, vas*. Je suis de leur avis.

Du parfait de l'indicatif on forme . . . .
. . . .

Tout le système des formations, le tableau des verbes irréguliers, la liste des verbes incomplets comme *braire, bruire*, etc, et la liste des verbes qui n'ont que le troisième rôle singulier comme *il faut, il importe, il neige*, etc, sont le propre des ouvrages élémentaires. Pas n'est besoin, je suppose, de les reproduire ici.

Observations orthographiques

101 Les verbes en *cer* et en *cevoir* exigent la cédille sous le c devant *a*, *o* et *u*.

il menaça, nous plaçons, je perçus, nous reçumes.

102 Les verbes en *ger*, au lieu d'une cédille qui eût été si naturelle, prennent un *e* euphonique devant *a* et *o* :

il mangea, nous nageons, nous partageâmes.

103 Les verbes en *er* dont *é* ou *e* forme l'avant-dernière syllabe, changent cet *é* ou cet *e* en *è* devant une syllabe muette :

céler je cèle, lever nous lèverons, mener je mènerai, régler tu règleras, semer nous sèmerons.

Ici, pour le plus grand désespoir des étrangers, on a introduit une exception en faveur des verbes en *fer* qui ne changent rien, et des 194 verbes en *eler* ou *eter* qui, au lieu de l'accent ouvert, prennent une double consonne :

créer je créerai, appeler j'appellerai, jeter tu jetteras;

ce qui n'empêche pas quelques récalcitrants de rester dans la règle générale et d'écrire *j'achèterai, tu décachèteras, nous cachèlerons*. Un bon point à ces récalcitrants.

Les verbes en *yer* changent *y* en *i* seulement devant un *e* 195 muet :

je paie, nous essaierons, ils rudoient. Il faut excepter *rayer* et *grasseyer* qui font *il rayera, nous grasseyerons*.

Mentionnons enfin une exception aussi ridicule que facile à retrancher ; parmi les verbes en *dre*, quelques uns perdent le *d* 196 aux trois rôles singuliers du présent de l'indicatif :

tu adjoins, je joins, tu crains, il résout.

Pourquoi ? Dame ! demandez-le à ce terrible monsieur Usage.

De la tournure interrogative

De tout verbe les temps du conditionnel et les temps de l'in- 197 dicatif (sauf le passé antérieur) sont les seuls qui admettent l'interrogation.

Le pronom se place après le verbe, après le premier auxiliaire 198 dans les temps composés; et on a soin de mettre un *t* euphonique à tous les troisièmes rôles singuliers en *a* ou en *e* :

aime-t-il, aimerons-nous, a-t-on reçu, aura-t-elle aimé, auront-ils fini, n'ai-je pas eu vite fini ?

Deux observations. Les premiers rôles singuliers en *e* chan- 199 gent cet *e* en *é* devant le pronom *je* :

dussé-je, aimé-je, eussé-je, puissé-je, etc;

on n'emploie pas interrogativement, au présent de l'indicatif, 200 les premiers rôles singuliers qui n'ont qu'une syllabe. L'oreille n'en admet que sept : *fais-je, dis-je, vois-je, dois-je, vais-je, suis-je, ai-je ?*

Emploi des temps

DE INDICATIF

201 Le présent de l'indicatif peut dans la narration s'employer pour le passé, à condition que ce soit d'une manière uniforme dans toutes les phrases dépendantes.

202 L'imparfait ne doit jamais s'employer, quand la chose existe encore ou est éternelle ; il faut le présent :

j'ai appris que vous habitez Nice (et non *habitiez*); *je vous ai démontré que Dieu est juste* (et non *était*);

203 par la même raison le plus-que-parfait doit céder la place au mi-parfait :

j'ai su que vous avez été decoré (et non *aviez été*).

204 Tous les temps de l'indicatif demandent avant eux le présent du verbe *être* :

c'est M. *Cardoën qui présida* (et non *c'était*); *c'est lui qui a fait cela* (et non *c'était*); *c'est lui qui aurait chanté* (et non *c'était*).

MODE CONDITIONNEL

205 Le présent du conditionnel ne doit point s'employer pour le futur de l'indicatif :

on m'a assuré que vous retournerez (et non *retourneriez*).

206 Le passé du conditionnel ne peut non plus s'employer pour le présent du même mode :

j'aurais parié que vous retourneriez (et non *seriez retourné*).

MODE SUBJONCTIF

207 Le subjonctif s'emploie dans deux cas bien distincts : après un verbe qui exprime une volonté, un désir, un commandement, quelque chose d'impérieux ; et après un verbe qui marque doute, hésitation.

[Remarquez que la règle dit « après un verbe ». Quelle mouche pique donc les gens qui remplacent l'indicatif par le subjonctif ? Je ne connaisse pas de grammaire qui autorise cela ; pourtant je reçois souvent des journaux où on écrive *je ne sache pas telle chose*. Je veuille bien croire que les journalistes se trompent par inadvertance, aussi je me fasse un plaisir de les avertir de leur erreur.]

On dira en conséquence :

je veux, je désire qu'il le fasse ; il convient, il faut que je le fasse ; je cherche quelqu'un qui veuille m'écouter ; il me faut une place modeste que je puisse remplir.

On l'emploie encore après un verbe négatif : 208

je ne pense pas qu'il sorte ; je ne crois point qu'il y aille ;

après un verbe interrogatif : 209

pensez-vous qu'il vienne ; (à moins que l'interrogation ne soit une tournure plus vive donnée à un fait certain, *oubliez-vous que Thésée est mon père ?*)

après les superlatifs de supériorité et d'infériorité : 210

c'est le plus beau qu'on n'ait jamais vu; c'est le moins lourd que j'aie pu trouver ;

après les mots *peu* et *le seul* : 211

il y a peu d'hommes qui sachent faire le bien, l'homme est le seul animal qui boive sans avoir soif, Nice est la seule ville où je me plaise (toutefois avec un futur on pourra dire : *ce soldat est le seul qui reviendra*) ;

après *quelque que, quel que, quoi que, quoique* ; 212

enfin, après certaines conjonctions, *afin que, à moins que, de crainte que,* etc. 213

Les divers temps du subjonctif sont déterminés par les temps du verbe qui le précède.

Les futurs et le présent de l'indicatif exigent le présent du subjonctif, quand la chose est présente ou future, et le passé quand la chose est passée : 214

je doute *je douterai* *j'aurai vite douté*	*qu'il le fasse à présent* *qu'il le fisse demain*	*qu'il l'ait fait hier ;*

(Cependant, quand la phrase est complétée par une expression conditionnelle, le temps du subjonctif est subordonné au temps qui le suit : 215

je doute *je douterai* *j'aurai douté*	*que vous travaillassiez à présent, demain, si on ne vous y forçait*	*que vous eussiez travaillé hier, si on ne vous y eût forcé.*

tous les autres temps de l'indicatif et du conditionnel exigent l'imparfait du subjonctif, quand la chose est présente ou future, et le plus-que-parfait, quand la chose est passée : 216

il doutait
il douta } *que je fisse cela aujourdhui.*
il a douté
il a eu douté
il eut douté } *que je fisse cela demain.*
il avait douté
il douterait } *que j'eusse fait cela l'an passé.*
il aurait douté

Comme je l'ai dit à propos du mode indicatif, le présent persiste, s'il s'agit de choses éternelles :

217

les anciens ne savaient pas que la terre fasse sa révolution autour du soleil, que la vapeur soit une force, etc.

MODE INFINITIF

218 L'infinitif se met comme complément à la place de l'indicatif et du subjonctif, chaque fois que le sens le permet :

je suis sûr de gagner (et non *que je gagnerai*), *il craint d'être refusé* (et non *qu'il ne soit refusé*), *cet enfant qu'elle dit avoir vu* (et non *qu'elle dit qu'elle a vu*).

Dans ces cas, il est lié de diverses manières :
tantôt par *de*, *je désespère de guérir* ;
tantôt par *à*, *il consent à se vêtir* ;
tantôt par *à* ou par *de*, *il la força à céder, il la força de céder* ;
tantôt par *à* ou par rien, *il aime à faire, il aime faire* ;
tantôt par *de* ou par rien, *il désire de prendre, il désire prendre* ;
tantôt par rien, *il ose parler, il peut venir* ;
une longue habitude de la langue peut seule servir de guide.

219 Deux infinitifs et seulement deux peuvent s'employer de suite :
je vais le faire venir, je vais l'envoyer chercher.

Ils sont alors pour ainsi dire soudés ensemble et ne font qu'un par rapport aux règles. Ne dites donc pas : *croyez-vous pouvoir faire réciter tous les élèves ?* Tournez plutôt la phrase.

Règles d'accord

220 Le verbe prend le nombre et le rôle de son sujet :

j'aime, tu retourneras, nous sortons, la tourbe des méchants exploite la société ; la vertu n'est un avantage que pour la conscience.

Quand le sujet est composé de plusieurs noms ou pronoms au

singulier, le verbe se met au pluriel et prend le rôle prédominant : 221

l'un et l'autre mentent, l'opinion publique et vous-même penchez en sa faveur, mon frère et moi sommes de cet avis.

Il est d'usage, dans toutes les langues, que le premier rôle l'emporte sur le second, et le second sur le troisième, comme il est d'usage que le masculin l'emporte sur le féminin : non que le masculin soit plus noble que le féminin, mais parceque l'homme, ayant la *poigne* plus forte que celle de la femme, s'est adjugé la part du lion en linguistique comme en législation. Voilà qui va faire plaisir à M. Toussenel.

A cette règle on inflige plusieurs exceptions. Le verbe reste au singulier,

premièrement, quand les sujets sont synonimes et privés de la 222 conjonction *et* :

sa ferveur, sa piété nous enchante ;

deuxièmement, quand ils vont par gradation sans la conjonc- 223 tion *et* :

votre intérêt, votre honneur, Dieu l'exige ;

troisièmement, quand ils sont résumés par un seul mot : 224

considération, intérêt, famille, rien ne l'a arrêté ;

quatrièmement, lorsqu'on étant du même rôle, ils sont séparés 225 par les conjonctions *ni* ou *ou* :

la force ou la ruse en viendra à bout, ni l'un ni l'autre ne réussira ;

[Quelques auteurs, entre autres La Fontaine, emploient le pluriel dans ces cas ; c'est un exemple fâcheux qu'il ne faut pas suivre, car de pareilles phrases sont elliptiques : *ni l'un (ne réussira) ni l'autre ne réussira.*]

malgré la présence de *ni* ou de *ou*, la différence de rôles des 226 sujets fait rentrer le verbe dans la règle générale :

le président, vous ou moi parlerons ; ni lui ni moi n'avons voulu.

Les expressions *comme, avec, de même que, ainsi que, aussi* 227 *bien que, à l'instar de*, donnant exclusion au sujet qu'elles précèdent, le verbe s'accorde avec les sujets restants selon la règle générale :

son frère, ainsi que moi, a bien voulu ; votre frère ni vous, pas plus que les autres musiciens, n'avez voulu y assister.

Je le répète (règle 75), les collectifs partiels et les adverbes

228 de quantité, qui sont de véritables collectifs partiels, exigent leur verbe au pluriel :
une foule de personnes étaient présentes, beaucoup d'amis accompagnaient son cercueil, la plupart pensent ainsi, tant de malheurs l'accablaient, mainte femme l'aimaient.

229 Les infinitifs n'influent jamais sur le nombre d'un verbe :
boire, manger, dormir, bâiller, constitue toute l'occupation du riche;

530 mais ils demandent le pronom *ce* devant *être* :
lire trop et lire trop peu, c'est un double défaut (sont deux défauts est une faute).

231 Le verbe *être*, précédé de *ce*, ne s'accorde qu'avec les troisièmes rôles pluriels :
ce sont les vices qui abrègent la vie, ce sont eux qui l'ont fait. On dira ailleurs : *c'est le travail et l'ordre qui l'ont tiré d'affaire, c'est nous qui l'avons vu, c'est elle et lui qui parleront.*

232 Le présent du participe est invariable.

Le présent du participe d'un verbe se distingue de l'adjectif verbal qui dérive du même verbe, par le régime direct ou indirect :
les enfants aimant leurs parents, seront bénis de Dieu ; des hommes venant de Paris, rencontrèrent le voleur ; ce sont des personnes aimantes, des poupées parlantes, des feuilles dégouttantes de rosée.

En général le présent du participe marque l'action ; et l'adjectif verbal, l'état.

233 Le présent du participe, précédé de *en*, se rapporte au sujet ; privé de *en*, il se rapporte au régime :
je l'aie vue en passant, je l'ai vue frappant à tort et à travers.

Toutes les règles des passés du participe se réduisent à trois.

Le passé du participe est à la grammaire ce que le carré de l'hypothénuse est à la géométrie. Je voudrais avoir le droit, comme les Anglais et les Allemands, de formuler une prescription unique d'invariabilité, mais ce droit m'est contesté par tant de monde! Je vais alors profiter de ma division si simple des verbes pour simplifier cette formidable théorie.

RÈGLE DE LA FORME ACTIVE

234 Les passés du participe qui ont la forme active, ne s'accordent jamais avec le sujet :
nous avons succédé à votre père, elle a descendu de plusieurs degrés,

ils ont gazouillé continuellement, elle a régné pendant dix ans, nous avons dormi quatre heures, il a plu toute la journée, nous avons mangé une pêche, les quatre heures qu'elle a dormi, les chaleurs qu'il a fait, les tempêtes qu'il y a eu, elle a été, elles ont eu, rappelez-vous les humiliations qu'il vous en a coûté.

RÈGLE DE LA FORME PASSIVE

Les passés du participe qui ont la forme passive, s'accordent 235 toujours avec le sujet :

nous sommes aimés, elle est partie de, le lieu où est tombée la foudre, elles sont échues à nous, nous sommes descendues de, il est arrivé que, le coffre où étaient enfermées les clés, nous sommes persuadés que, il est arrivé de grands froids.

RÈGLE DE LA FORME PRONOMINALE

Les passés du participe qui ont la forme pronominale, s'accor- 236 dent avec le sujet, sauf quand après eux on peut dire *à nous, à vous, à elle,* etc (le datif des Latins).

Dans la règle	Dans l'exception
elles se sont aimées.	*les fêtes se sont succédé* (à elles).
ils se sont proposés pour l'accompagner.	*ils se sont proposé de l'accompagner* (à eux).
je me suis égratignée.	*je me suis fait mal* (à moi).
vous vous êtes repenties de.	*vous vous êtes arrogé des droits* (à vous).
nous nous sommes emparés de.	*nous nous sommes donné de la peine* (à nous).
nous nous sommes laissés surprendre.	*tu t'es écrit cette lettre* (à toi).
ils se sont vus attaquer.	*elles se sont répondu grossièrement* (à elles).
ils se sont souciés de.	*elle s'est rappelé que, ils se sont persuadé que, elle s'est imaginé que, elles se sont figuré que.*

Seulement n'oubliez point la prescription fondamentale que voici : quand un verbe direct est précédé de son régime, c'est

237 avec ce régime et non avec le sujet que s'accorde le passé du participe :

les millions que Versaille a coûtés, les kilos que ce poisson a pesés, que de vérités ils se sont dites, la pêche que nous avons mangée, la faculté que nous nous sommes arrogée, la peine que nous nous sommes donnée, il les a frappés, il se les est arrogés, il se les est toutes attribuées, combien de disputes j'ai essuyées, nous ne savons quelle intelligence Dieu a donnée aux bêtes; autant de lois il a faites, autant de sources de bonheur il a ouvertes ;

238 quelques fois, dans ce cas, le passé précède un infinitif ou un membre de phrase ; il faut voir alors par la décomposition si le régime se rapporte soit au passé du participe, soit au membre de phrase même sousentendu ou à l'infinitif même sousentendu :

Régimes du participe: accord	Non régimes du participe: non accord
il les a laissés errer.	*les niches qu'il a laissé faire.*
la femme que j'ai entendue chanter.	*la chanson que j'ai entendu chanter.*
je les ai laissés tomber.	*je les ai laissé tuer.*
	la table que j'ai fait faire.
	j'ai rendu les services que j'ai dû (rendre).
	j'ai écrit toutes les pages que j'ai pu (écrire).
	les réponses que j'avais prévu qu'on vous ferait.
	j'ai fait tous les vers qu'il a voulu (que je fisse).
je les ai vus repousser l'ennemi.	*je les ai vu repousser par l'ennemi.*
cela nous a empêchés de réussir.	*la pétition que vous m'avez prié de rédiger.*

239 Cette observation ne s'étend point à la forme pronominale ; en effet, examinez les trois phrases ci-dessous :

nous nous sommes vus en butte à une attaque, nous nous sommes vus attaqués de toute part, nous nous sommes vus attaquer par l'ennemi ;

c'est toujours nous qui avons vu nous-mêmes ; l'action est toujours réfléchie dans chacun des trois exemples ; et, dans le dernier, l'infinitif *attaquer* est une sorte de gallicisme qui équivaut à *être attaqués*. Cela est encore plus sensible dans *nous nous sommes laissés faire*; car sans *s*, au lieu de signifier *nous avons laissé nous être taquinés*, cette proposition signifierait *nous avons laissé fabriquer nous*. 1

Le pronom *en* ayant un sens indirect ne fait jamais varier les 240 passés du participe :

combien j'en ai vu ! de fleurs, combien en avez-vu cueilli ? que j'en ai vu mourir de jeunes filles ! avez-vous mangé des fruits ? — j'en ai mangé.

Fait devant un infinitif reste toujours invariable, parcequ'il 241 forme comme une expression unique:

je les ai fait parler par force.

Ce sont les divers temps du participe qui en français remplacent l'ablatif et le génitif absolus des anciens :

un homme étant aux prises avec deux voleurs, la patrouille passa.
Malakoff ayant été pris, les Russes évacuèrent la ville.
vingt ans déjà passés, une femme étrangère s'empara du pouvoir.

Règles des régimes

Un verbe ne peut avoir deux régimes directs différents : 242
ne vous informez pas ce que je deviendrai. Vous étant déjà régime direct, il faut *de ce que*.

De même un verbe ne peut avoir deux régimes indirects diffé- 243 rents pour exprimer la même relation :

mon esprit, c'est à vous à qui je veux parler ; c'est de vous de qui il s'agit; c'est à Paris où je vais. Il faut dire *c'est à vous que, c'est de vous qu'il, c'est à Paris que*.

Un verbe exige toujours ses régimes naturels, qu'il soit seul 244 ou joint à des verbes de régimes dissemblables :

---

1. « Inscrits faussement sur la liste fatale de 1793, ils se sont vus dépouiller de leurs biens. » (Thiers, LE CONSULAT). J'avais déjà posé mon principe novateur, quand j'ai rencontré cette phrase fort heureuse pour moi.

On dira donc	On ne dira pas
ils se sont nui l'un à l'autre.	*ils se sont nui l'un l'autre.*
il attaqua la place et s'en empara.	*il attaqua et s'empara de la place.*
ils se sont diffamés et se sont nui.	*ils se sont diffamés et nui.*
les élèves entrent dans la cour et en sortent à chaque instant.	*les élèves entrent et sortent de la cour à chaque instant.*

245 Quand il existe plusieurs manières de lier à un verbe son régime direct on doit poursuivre, jusqu'au bout de la phrase, la manière tout d'abord adoptée ; les exemples suivants seraient donc incorrects :

je le forcerai de venir et à rester ; il aime le jeu et à travailler ; je crois son procès bon et qu'elle gagnera, etc.

246 Le régime direct se place toujours le premier, à moins qu'il ne soit sensiblement plus long que le régime indirect :

Napoléon battit les alliés à Austerlitz ; Napoléon battit à Austerlitz l'armée Russe et l'Autrichienne.

247 Les verbes, à la forme passive, prennent devant leur régime indirect tantôt *par*, tantôt *de* : *par*, lorsqu'il y a chez le régime effort physique ou intellectuel ; *de*, lorsqu'il n'y a pas d'effort physique ni intellectuel :

Avec effort	Sans effort
la terre fut conquise par les Romains.	*conduite approuvée de tout le monde.*
cette fable a été apprise par tous les enfants.	*aimé de chacun, aimé de Dieu.*
l'île est enveloppée par le fleuve.	*île entourée d'eau, fromage enveloppé de papier.*

Fautive est cette phrase de Wailly : *votre conduite a été approuvée d'une commune voix par toutes les personnes.* Si l'auteur voulait éviter la répétition des *de*, il n'avait qu'à dire : *a été unanimement approuvée de toutes les personnes.*

Règles de clarté

248 Dans une phrase, nul verbe à un mode autre que l'infinitif ne peut exister sans sujet :

en quoi *Largilière réussit fut de peindre les dames* (le verbe *fut* n'a pas de sujet); *ne pouvant pas faire remonter* M. *Renan dans la chaire, il convient de faire cesser cette situation* (MONITEUR) (le verbe *pouvant* ne se rapporte à aucun sujet).

Réciproquement chaque sujet exige son verbe : 249

je regrette les mousquetaires qui, s'ils n'avaient pas disparu, leur costume ferait diversion à notre ridicule accoutrement moderne (le pronom *qui* n'a pas de verbe; mettez *qui feraient par leur costume*).

Ne tombez pas dans l'excès contraire ; ne donnez au même 250 verbe ni deux fois le même sujet, ni deux fois le même régime :

Louis, en ce moment prenant son diadème, sur le front du vainqueur il le posa; j'aime mon père, ma mère, mes parents.

Il faut, dans l'emploi des régimes indirects, éviter l'amphibo- 251 logie; pour cela on les placera ou à côté du verbe dont ils dépendent, ou entre le verbe personnatif et l'infinitif.

Ne dites pas	Dites
j'ai parcouru la campagne que nous avons achetée avec mon père.	*j'ai parcouru avec mon père la campagne que nous avons achetée.*
il a pu ramener ces esprits égarés par la douceur.	*il a pu par la douceur ramener ces esprits égarés.*

Dans une phrase contenant plusieurs verbes analogues, les 252 pronoms sujets sont censés toujours remplacer le premier nom sujet, s'ils sont du même genre et du même rôle que ce nom :

l'autorité ignore encore quel sera le coût du travail projeté et par-suite s'il sera possible. Ici grammaticalement *il* représente *le coût*; Il fallait *si celui-ci sera possible* ou bien *quelle sera la dépense.*

Changer les masculins en féminins, les singuliers en pluriels, les pronoms personnatifs en pronoms démonstratifs, voilà le meilleur des remèdes contre l'amphibologie.

Les locutions verbiales sont indécomposables, et parsuite ne 253 souffrent après elles ni pronom ni complément :

il pourrait se faire que Paul eût raison, sans qu'il fût démontré que Pierre ne l'a pas (REVUE MUSICALE); mettez *que Pierre n'a pas raison* ou *que Pierre a tort.*

254. Un infinitif précédé de *pour* se rapporte toujours au sujet de la phrase :

je l'aime trop pour la battre. Ne dites donc pas *ces livres me coutent trop cher pour vous les donner*; dites *pour que je vous les donne*.

Règles des auxiliaires

255. Toutes les fois qu'un verbe admet les deux auxiliaires, on emploie avec ce verbe l'auxiliaire *avoir* pour marquer l'action, et l'auxiliaire *être* pour marquer l'état :

L'action	L'état
le chien a expiré.	la trêve est expirée.
elle a accouché d'un garçon.	elle est accouchée depuis vingt jours.
le baromètre a descendu de deux degrés.	ma fille est descendue.
on les a descendus sur le quai.	elle est tombée.
la pluie a tombé pendant six jours.	deux cents hommes sont demeurés sur le terrain.
il a demeuré cinq ans à Paris;	cette faute lui est échappée.
l'oiseau lui a échappé.	

Hors de ce cas, certains verbes peuvent marquer l'action, même avec l'auxiliaire *être* :

il est venu de, ils sont allés à, ils se sont enfuis.

256. L'auxiliaire *avoir* ne peut jamais se sousentendre :

à ces mots le héros expiré est une faute qu'on doit corriger ainsi : *ce héros ayant expiré*;

mais l'auxiliaire *être* se sousentend très-bien :

la trêve étant expirée ou *la trêve expirée*, nous partimes.

257. REMARQUES SUR QUELQUES VERBES

Assumer demande toujours la préposition *sur*: *j'assume sur moi cette responsabilité, il assuma sur lui la responsabilité.*

Mesurer est un verbe actif: *mesurer un champ, mesurer une étoffe.* On ne peut donc pas dire *ce champ mesure six cents mètres* pour *ce champ a six cents mètres.*

Se défier, c'est se porter un défi ; se défier de pour *avoir des soupçons sur* est un emploi abusif qu'il faut laisser à *se méfier de*.

Avoir l'air prend l'accord ou le rejette, selon que l'épithète se rapporte au sujet ou à air : *cette femme a l'air enceinte* ; *quoique bonne, cette femme a l'air méchant*.

Bénir a deux passés du participe : *béni bénie* pour les personnes, *bénit bénite* pour les choses. Cette nouvelle distinction que j'établis est la seule vraie ; car, quoiqu'il s'agisse de cérémonie religieuse, on ne saurait dire *les jeunes filles furent bénites par l'évêque* ; ni ailleurs, *ces campagnes sont vraiment bénies*. « Il consentait à *être béni, consacré*, mais non pas à *être couronné*. » (Thiers)

Enseigner : le maître enseigne, l'élève apprend.

Jouir de ne se dit qu'en bonne part : on ne peut donc *jouir d'une mauvaise réputation*.

Sucrer, verbe direct qui ne s'applique qu'aux choses : *sucrez votre café* et non *sucrez-vous*.

Paraître est un verbe absolu. *Cette femme paraît vingt ans* constitue un des plus vilains solécismes des romanciers actuels.

Être allé à la campagne signifie *y être encore* ; *avoir été* contient l'idée de retour. Dire *il fut chez son père* pour *il alla*, est une faute impardonnable.

Suppléer *quelqu'un*, et **suppléer** *à quelque chose*, c'est remplacer avec équipollence.

Servir à rien est d'une inutilité passagère ; *de rien*, d'une inutilité absolue.

Aider quelqu'un, c'est l'assister de sa bourse ; *aider à quelqu'un*, c'est relever son fardeau.

Atteindre à suppose un effort, *atteindre* n'en suppose point : *atteindre à la dernière branche, atteindre la cinquantaine*.

Dîner d'un poulet, avec un ami.

Éclairer quelqu'un, c'est l'instruire ; *éclairer à quelqu'un*, c'est illuminer pour lui l'escalier.

Emprunter *une somme à ou de quelqu'un* ; mais il faut toujours employer *de* avec les choses : *ils empruntent de la royauté tout leur éclat*.

Entendre raillerie, c'est se laisser railler ; *entendre la raillerie*, c'est savoir railler.

Espérer, promettre, compter exigent toujours un futur après eux : *j'espère que vous vous portez bien*, tournure d'épicier.

Éviter n'est pas synonyme d'*épargner*.

Fixer n'est pas synonyme de *regarder*.

Haïr perd le tréma dans *je hais, tu hais, il hait, hais*.

Faire ne s'emploie qu'à l'infinitif en remplacement d'un autre verbe: *je l'ai grondée comme je devais le faire*. Dans tous les autres cas on doit répéter le premier verbe.

Au lieu de *il fallait cacher la pénitence avec le même soin qu'on eût fait des crimes* (Bossuet), *il s'amusait du malheureux vaincu comme le chat fait de la souris*, dites *qu'on eût caché les crimes, comme le chat s'amuse*...

Ne faire que signifie *sans cesse*; **ne faire que de** signifie *à peine*: *vous ne faites que rentrer et sortir, il ne fait que de sortir*.

Imposer implique le respect mérité; **en imposer** implique le respect usurpé: *le génie impose toujours, le sot en impose quelquefois*.

Insulter quelqu'un, c'est l'outrager de paroles; **insulter à** quelqu'un, c'est lui refuser les égards que réclame son malheur: *ô vous, ignorants habillés de velours, n'insultez pas au poëte pauvre*.

Joindre à est préférable à *joindre avec*.

Mêler à se dit des choses immatérielles; **mêler avec**, des choses matérielles: *mêler l'agréable à l'utile, l'eau se mêle avec le vin*.

Observer est un verbe direct, par conséquent *on observe et on fait observer que*...

Oublier à, c'est désapprendre; **oublier de**, c'est négliger: *en oubliant d'écrire chaque jour, on finit par oublier à écrire*.

Se plaindre de ce que est une tournure surannée. *Il se plaint de ce que vous l'avez battu* peut se remplacer par *il se plaint que vous l'avez battu*, la différence étant quasi insensible.

Ce qui plaît, ce qui est agréable; **ce qu'il plaît**, ce qu'on veut: *la mode consiste le plus souvent à porter ce qui ne plaît pas; malgré les larmes de leurs sujets, les tyrans entendent faire ce qu'il leur plaît*.

Se rappeler quelque chose; **se souvenir de** quelque chose.

Avoir rapport à marque la relation; **avoir rapport avec**, la ressemblance: *ce trait a rapport à ma théorie, les rivages d'Alger ont rapport avec ceux de Nice*.

Fleurir, pris au figuré, fait *florissait* à l'imparfait de l'indicatif et *florissant* au présent du participe.

Assurer quelqu'un, c'est le mettre à l'abri; **assurer à** signifie affirmer.

Retrancher de, c'est ôter une partie d'une chose; **retrancher à**, c'est ôter une chose à quelqu'un.

Succomber sous signifie qu'on ne peut supporter, **succomber à** signifie qu'on cède volontairement: *je succombe sous le travail, je succombe à la tentation*.

C'est à vous à *chanter*, c'est à dire, c'est à votre tour; c'est à vous de *faire évacuer*, c'est à dire, c'est votre devoir.

Envier *quelque chose, porter envie à quelqu'un.*

Sembler demande *être*, quand il est joint à un nom: *elle semblait être une statue, elle semble bonne, elle semble aimée.*

Louer signifie *donner à louage*; c'est un scandale et une duperie de voir employer ce mot pour *prendre à louage*. « On désirerait louer une villa, etc ». Tous les jours nous voyons dans les journaux des annonces de ce genre, des annonces dont on ne peut déterminer le sens. Quelle honte pour le français ! Examinez les mots suivants :

louer, donner à louage quelque chose; *loueur*, qui donne à louage; *allouer*, prendre à louage; *locataire*, qui prend à louage; *sous-louer*, donner à louage partie de ce qu'on a alloué; *sous-loueur*, qui sous-loue; *sous-allouer*, prendre à sous-location d'un sous-loueur; *sous-locataire*, celui qui sous-alloue ;

fréter, donner un vaisseau à louage ou frêt; *fréteur*, qui donne à frêt; *affréter*, prendre à frêt; *frétier*, qui prend à frêt; *sous-fréter*, donner à sous-frêt le vaisseau qu'on a affrété ; *sous-fréteur*, qui sous-frête; *sous-frétier*, qui prend à sous-frêt; *sous-affréter*, prendre à sous-frêt ;

fermer, donner un bien rural à louage ou ferme (amodier) ; *fermeur*, qui donne à ferme (amodiateur); *affermer* prendre à ferme ; *fermier*, qui prend à ferme (amodiataire); *sous-fermer*, donner à sous-ferme ; *sous-fermeur*, qui donne à sous-ferme ; *sous-affermer*, prendre à sous-ferme ; *sous-fermier*, qui tient à sous-ferme ;

chepteler, donner un troupeau à louage ou cheptel ; *chepteleur*, qui donne à cheptel ; *achepteler*, prendre à cheptel ; *cheptelier*, qui prend à cheptel ;

presque tous sont compris dans le dictionnaire; l'analogie ne doit-elle pas faire admettre les deux ou trois qui ne s'y trouvent point et dont on a tant de besoin? Voilà, ô fabricants de mots nouveaux, de *turf*, de *constellé*, de *square*, voilà où devrait porter votre esprit inventif.

CHAPITRE VII

DE L'ADVERBE

L'adverbe est un mot invariable qui sert à modifier.

Il y a des adverbes de qualité, *grossièrement, délicatement*; de manière, *poliment, gentiment*; de temps, *hier, aujourd'hui, jamais*; de lieu, *ici, y, là*; de position, *devant, derrière*; de rang, *premièrement, ensuite, puis*; de quantité, *assez, beaucoup, très, si, tant*; de comparaison, *plus, mieux, davantage*; d négation, *non, nullement, ne, point*; d'affirmation, *assurément, oui, certes*; etc.

Sauf les adverbes de quantité (*assez, beaucoup, peu, plus, trop, moins, combien, que, tant*) qui prennent de devant un nom, et sauf quelques adverbes dérivés d'adjectifs comme *antérieurement à, conformément à*, tous les autres sont employés sans régime.

Ainsi ne dites pas	Mais dites
dessus la terre,	sur la terre, par-dessus la terre,
dessous la table,	sous la table, de dessous terre,
dehors la maison, [1]	hors de la maison, en dehors de la maison,

---

[1]. Quoi qu'on en dise, la phrase *les ennemis sont dedans et dehors la ville* offre une tournure boiteuse, incompatible avec le bon goût.

dedans la ville,	dans la ville, en dedans de la ville,
à l'entour de,	au tour de,
au paravant que,	avant que,
davantage de,	plus de,
davantage que,	plus que.

On a vu déjà que l'adjectif masculin s'emploie quelquefois comme adverbe :

parler haut, frapper juste.

Il y a, en outre, les locutions adverbiales, telles que

sans doute, à jamais, à propos, à la fin, à dessein, avant-hier, etc.

Quant aux adverbes en *ment*, ils se forment presque tous du féminin singulier des adjectifs correspondants, auquel on ajoute la terminaison adverbiale :

bonne bonnement, juste justement, sincère sincèrement.

Emploi de quelques adverbes

Si, qui marque une extension superlative, ne s'emploie que devant les adjectifs et les adverbes : 259

il est si modeste! il parle si éloquemment! ne dites donc pas : *elle était si en colère, elle est venue si à propos ;*

avec les verbes, les noms et les participes on se sert de *tant :* 260

il travaille tant, il a tant d'éloquence; brise-toi, lyre tant aimée! cette constitution tant vantée avait donné la révolution Française (Thiers); *la voilà donc cette nature tant chantée!* (J. Janin.)

Aussi s'emploie avec les propositions affirmatives; *non plus,* 261 avec les propositions négatives :

vous l'aimez, moi aussi ; vous ne l'aimez pas, moi non plus.

Aussi...que (et non *aussi...comme*) marque la compa- 262 raison avec les adjectifs et les adverbes :

il est aussi éloquent que vous, il parle aussi éloquemment que vous ;

avec les verbes, les noms et les participes on se sert de *au-* 263 *tant...que :*

il travaille autant que vous, il a autant d'éloquence que vous, il est autant estimé que vous.

264 **Très** ne se place que devant les épithètes et les adverbes :
il est très-bon, elle est très-aimée, il chante très-juste, je le vois très-rarement ; c'est donc une faute de dire : *j'ai très-faim, elle était très-en peine.*

265 **Davantage**, qui ne s'emploie qu'avec les verbes, ne peut remplacer *le plus* :
au lieu de *c'est la fleur que j'aime davantage,* on dira en conséquence *c'est la fleur que j'aime le plus.*

266 **Tout**, adverbe, ne varie jamais sous peine de changer de nature.
Quelques grammairiens font varier *tout* devant les épithètes féminines, soi-disant par raison d'euphonie ; or, je demande si *toute honteuse, toute stupéfaite, toutes conservées qu'elles sont* (et non *soient*) n'est pas plus dur que *tout honteuse, tout stupéfaite, tout conservées qu'elles sont.* Pesez un peu cette phrase : *toutes bonnes qu'on vous proclame, vous n'êtes pas toutes bonnes.* Comment oserez-vous écrire pareillement deux mots si dissemblables? L'invariabilité n'est-elle pas la nature essentielle et universelle de l'adverbe?

Différence entre quelques adverbes

267 **Plutôt** marque la préférence, et **plus tôt** le temps :
plutôt souffrir que mourir ; elle est arrivée plus tôt que vous.

268 **Plus** marque la quantité, et **mieux** la qualité :
l'abbé Prévost a plus écrit que Fénélon, mais celui-ci a mieux écrit que l'abbé Prévost.

269 **Par terre** se dit des choses qui touchent le sol ; **à terre**, des choses qui ne le touchent pas :
l'arbre est tombé par terre, le vent a jeté sa maison par terre, ma plume est tombée à terre.

270 **Comment** signifie *de quelle manière*, **comme** signifie *ainsi que* :
comment vous portez-vous? — Comme vous voyez, assez bien.

271 **De suite** signifie *sans interruption*, **tout de suite** signifie *immédiatement* :

Je suis sortie tout de suite et j'ai vu passer cinq cents cavaliers de suite.

Tout-à-coup signifie *soudainement*, et **tout d'un coup**, en *une seule fois* :

il approcha tout-à-coup du tapis vert, et gagna cinq cents francs tout d'un coup.

Tantôt marque l'instant passé, **tout à l'heure** l'instant à venir :

j'y ai été tantôt, j'y retournerai tout à l'heure.

Des trois négations

On peut dire que *ne* est la plus faible négation, *ne...pas* la moyenne, et *ne...point* la plus forte :

je ne sais, je ne veux pas, vous ne le ferez point ; il ne travaille pas (momentanément), il ne travaille point (jamais).

Certains verbes, certaines locutions conjonctives, certains adverbes et l'adjectif *autre*, demandent *ne* après eux, bien que le sens soit affirmatif, ce sont :

empêcher, craindre, avoir peur, trembler, appréhender, prendre garde, à moins que, de peur que, de crainte que, autrement, plutôt... que, plus...que, moins...que, mieux...que, meilleur, autre.

Avec tous ces mots, l'emploi de *ne* cesse d'avoir lieu, lorsque le verbe principal est négatif ou interrogatif :

craignez-vous que mes yeux versent trop peu de larmes? je ne crains pas qu'il vienne, il n'agit pas autrement qu'il parle, je ne le fais pas de peur qu'il vienne.

Lorsque ces mêmes verbes *craindre, appréhender, avoir peur, trembler* doivent exprimer que la personne désire la réalisation de la chose, ils prennent la négation moyenne :

je crains qu'il ne vienne pas, j'ai peur qu'il ne mange pas.

Les verbes *nier, contester, désespérer, disconvenir, douter*, et les adjectifs *douteux, contestable*, exigent *ne* après eux, quand ils sont négatifs ou interrogatifs, et le repoussent quand ils sont affirmatifs :

doutes-tu qu'il ne veuille? Je ne nie pas qu'il ne soit Français, je nie qu'il soit Français.

— 100 —

278 Avec des mots à sens négatif, tels que *jamais, guère, nul, aucun, ni, nullement, rien, personne, que* signifiant *seulement,* la négation *ne* s'emploie seule :
je ne l'ai jamais vue, je n'en ai guère mangé, etc.

279 C'est une faute d'employer *ne* après le verbe *défendre* et les locutions *avant que, sans que :*
je défens qu'on me suive, venez avant qu'il parte, faites-le sans qu'elle le sache.

280 C'est également une faute de remplacer l'adverbe affirmatif *oui* par la conjonction *si :*
En vérité, *si* monsieur est français comme *oui signor* est italien. Objectera-t-on que cette expression est usitée dans le langage familier? Je rappellerai que dans le langage familier on se sert pas mal de *yes sir* et de *ia mener*, et que, dans le vocabulaire des hommes, le synonime d'*embrasser* est parfaitement usité avec un sens dont les dames se doutent peu. Qui cependant oserait l'écrire?

REMARQUES SUR QUELQUES ADVERBES

281 **Aujourdhui.** Vous devez choisir entre *aujourdhui* et *au jour d'hui,* comme vous avez opté entre *naguères* et *n'a guères, alentour* et *à l'entour,* etc.

Peutêtre est bien à tort écrit *peut-être :* ce mot a le sens unique du latin *fortassè*, et coupé en deux se confond sans cesse avec les verbes *peut* et *être.*

Quelques fois doit s'écrire en deux mots comme *chaque fois, toutes les fois, certaines fois, toutes et quantes fois, par fois, une fois, plusieurs fois,* etc. Il n'en est pas de même pour *toutefois* qui signifie *néanmoins.*

Ci-inclus est adverbe, quand il est séparé du nom : *vous trouverez ci-inclus la note des frais.*

Le peu de signifie tantot *petite quantité* tantot *manque : le peu de vivres qu'on a conservés, le peu de sureté que j'avais alors trouvée à Naples.*

Voire signifie *même.* Les gens qui écrivent *voire même* commettent donc le plus ridicule des pléonasmes.

Un peu. Tous les jours on entend commettre cette faute : *donnez-*

m'en un petit peu. Dites un peu ; si vous voulez exprimer le diminutif, dites un tantet ou, ce qui est encore plus restreint, un tantinet.

Ici s'abrège toujours, quand il est joint aux mots : *dans ce moment-ci, ci-gît, cet homme-ci.*

Témoin, placé au commencement d'une phrase, est adverbe : *témoin, les belles peintures qu'il a faites. A témoin* est toujours une expression adverbiale.

CHAPITRE VIII

DE LA PRÉPOSITION

La préposition est un mot invariable qui exprime le rapport des autres mots entre eux.

Elle a toujours après elle un mot qui complète le rapport qu'elle indique et qu'on appelle complément de la préposition. Lorsque nous disons, par exemple,

je suis sur le point d'aller à......Nice,
le navire marche contre......le vent,
le joli cheval de......mon père;

nous employons trois prépositions parcequ'il y a trois rapports.

Le nom propre *Nice* complète le rapport de tendance exprimé par *à*; le nom commun *vent* complète le rapport d'opposition exprimé par *contre*; *mon père* complète le rapport de possession.

Il y a des prépositions d'un seul mot :
après, à, vers, parmi, hormis, sous, outre, etc ;

des prépositions formées de plusieurs mots :
avant de, jusqu'à, proche de, en sus de, etc ;

des locutions prépositives :
de manière à, sous prétexte de, en faveur de, etc;

et enfin des mots détournés de leur emploi naturel pour servir de préposition :
nonobstant, suivant, supposé, touchant, vu, excepté, attendu, durant, moyennant, etc.

Emploi de quelques prépositions

A travers demande un régime direct ; *au travers de*, un régime indirect : 282
à travers les champs, au travers du visage.

Vis-à-vis de, signifiant, d'après l'étymologie, *visage à visage*, 183
ne peut s'employer que pour les choses matérielles :
il est logé vis-à-vis de ma fenêtre, sa maison est vis-à-vis de l'église, ma femme et moi étions à table placés vis-à-vis l'un de l'autre. Donc les journalistes qui s'obstinent à écrire *il est ingrat vis-à-vis de moi,* c'est à dire, *à mon égard,* commettent une faute réprouvée par l'Académie, par les grammairiens et par le bon sens. Ajoutons qu'on doit toujours dire *vis-à-vis de, en face de, proche de, près de, hors de*; par 284
conséquent *ambassadeur à telle cour* et non *près telle cour.*

On emploie *en* ou *dans*, quand on envisage toute l'étendue d'un 285
pays, sinon on emploie *à* :
aller en Chine, dans le Japon, dans le Pérou, voyager en France, dans le Tyrol ;
aller à Nice, à Paris ; toucher à l'Afrique, en allant en Chine ; toucher à la Chine, en allant dans le Japon.

Grâce à ne peut se prendre qu'en bonne part · 286
grâce à votre protection, j'ai obtenu une place ; fautive est donc cette phrase : *grâce à l'exiguïté de notre format, nous avons dû nous borner* (REVUE MUSICALE).

Différence entre quelques prépositions

Avant et **après** s'emploient pour le temps ; **devant** et **derrière** pour la position : 287
il est arrivé avant moi, il est placé devant moi. En style de grammaire on se sert des deux premières comme rendant mieux l'idée. ·

Durant a rapport à la durée entière ; **pendant**, à un seul 288
moment de la durée :
j'ai souffert durant toute la nuit, ce fait s'est passé pendant la Révolution.

289 **Près de** marque la proximité physique ; **auprès de,** l'assiduité sentimentale :
il demeure près de l'église, elle n'est heureuse qu'auprès de sa mère.

290 Ne confondez pas non plus **près de** signifiant *sur le point de,* avec **prêt à** qui signifie *disposé à* :
on peut être près de mourir, sans être prêt à mourir.

291 **Voici** a rapport aux choses qu'on va énoncer ; **voilà,** aux choses qu'on a déjà énoncées :
voici les trois meilleurs médecins : gaieté, exercice et frugalité; l'obéissance, le courage, la patience, voilà ce qui constitue le soldat.
Cette règle est violée sans cesse par une foule de journalistes.

292 **Entre** s'emploie, quand il y a deux termes opposés, ou quand les termes plus nombreux sont soumis à une réciprocité :
assis entre vous et moi, entre Paris et Versailles, les soldats se battaient entre eux, entre coquins on peut s'entendre.

293 **Parmi** s'emploie avec des noms pluriels d'êtres ou de choses qui se comptent :
parmi les hommes, parmi les rosiers, parmi eux, parmi les morts ;
dire *parmi ce plaisir, parmi la foule, bénie entre toutes les femmes,* c'est une faute qu'on doit corriger ainsi : *au sein de ce plaisir, dans la foule, au milieu de la foule, parmi toutes les femmes.*

Répétition des prépositions

294 Les prépositions *à, de* et *en* se répètent toujours devant chaque régime :
il doit sa place à la bonté et à la protection de monsieur le préfet, rougissez de mentir plus que de voler; l'inégalité des conditions se trouve en Asie, en Afrique comme en Europe. Inutile d'ajouter que les titres d'ouvrages forment une exception forcée. Exemple : *j'ai trouvé dans* PAUL et VIRGINIE *une grande sensibilité.*

295 Les autres prépositions d'une syllabe se répètent, quand les régimes ont des significations différentes, mais ne se répètent plus dès que les régimes sont presque synonimes :
dans le repos et dans le travail, pour vous et pour moi, sans pain et sans souliers, par la force ou par la ruse ; dans la paresse et l'oisiveté, sans sa lâcheté et sa poltronnerie.

Quant aux prépositions de plus d'une syllabe, elles se répètent ou ne se répètent point, selon le goût de l'écrivain et selon l'énergie de la phrase.

Complément des prépositions

Comme les verbes et comme les adjectifs, les prépositions doivent toujours être complétées de la même manière; par suite deux prépositions de forme différente ne peuvent précéder le même complément. 296

On dira bien : *selon les circonstances, j'agirai pour ou contre vous;* on ne dira pas : *j'ai agi sans et loin de mon père.*

Le complément ne peut être séparé de sa préposition que par des adjectifs : 297

je vais à cette jolie ville, il est tombé dans un profond précipice, la boîte de charmants joujoux que vous m'avez envoyée;

mais on peut mettre un adjectif et voire un membre de phrase entre la préposition et le terme qui la gouverne :

un homme pauvre et sans argent, homme intelligent et d'un courage énergique; j'irai, le plus tôt possible, à Paris; il est tombé, après une série de malheurs, dans la plus profonde misère.

excepté avec la préposition *de*, quand elle marque le génitif. 298
La boîte, que vous m'avez envoyée, de charmants joujoux; j'ai reçu le volume, que vous m'avez adressé, de vos poésies; il lui tardait qu'une occasion vînt se présenter à lui, de justifier la faveur royale; à ma mère hommage de cette troisième édition, moins imparfaite que les précédentes, d'un livre qu'elle a tant aimé (Jean Raynaud). Ce sont là autant de fautes.

Ouvrez le premier journal venu, regardez bien toutes les phrases qui vous ont l'air amphigouriques : elles pèchent toutes contre cette règle. (voyez les règles 178, 179)

Les mêmes rapports sont toujours exprimés par la même préposition : 299

un manche de couteau et non	*manche à couteau,*
un manche de balai	*manche à balai,*
un chat d'Angora	*chat Angora,*
du vin de Bordeau	*du vin Bordeau.*

maison de mon père	et non	*maison à mon père,*
chevalde m· De Morny		*à m· De Morny,*
le 10 de juin 1864		*le 10 juin 1864.*
à la 1re d'Hernani		*à la 1re Hernana.*
le 15e de ligne		*le 15e ligne,*
lire dans un journal		*lire sur un journal,*
lire dans un livre		*lire sur un livre,*
vendu à bon marché		*vendu bon marché,*
vendu à vil prix		*vendu vil prix,*
venir de bonne heure		*venir à bonne heure,*
agir de bonne volonté		*agir à bonne volonté,*
il est (occupé) à lire		*il est après lire,*
fait en perfection		*à la perfection,*
fait en dépit du bon sens		*à dépit du bon sens.*

Dans chacun de ces exemples, l'expression fautive qui échappe à tant de personnes est rendue sensible par l'expression régulière dont ces mêmes personnes se servent journellement.

CHAPITRE IX

DE LA CONJONCTION

La conjonction est un mot invariable qui sert à joindre simplement, ou à joindre en subordonnant :

si vous êtes bien sage, je vous donnerai une récompense, ou, ce qui revient au même, *je vous donnerai une récompense, si vous êtes bien sage.*

son père et sa mère sont venus ; sortez, mais revenez bientôt.

Le mot *et* joint simplement les deux sujets ; le mot *mais* joint les deux verbes en les subordonnant l'un à l'autre ; le mot *si* joint avec une idée conditionnelle.

Les principales conjonctions sont :

donc, comme, ainsi, pourquoi, parceque, enfin, et, mais, si, néanmoins, or, ni, ou, car, etc.

Il existe aussi des locutions conjonctives :

au reste, ainsi que, tandis que, par conséquent, à moins que, à mesure que, etc.

[L'emploi des vieilles locutions *à cause que, devant que, durant que* et *malgré que* est aujourd'hui une faute.]

Quelques adverbes s'emploient aussi comme conjonctions :

aussi, néanmoins, cependant, toutefois, etc.

Emploi de quelques conjonctions

301   On joint par *et* les termes semblables d'une proposition affirmative et les propositions affirmatives :

il est instruit et modeste, Marius et Albert sont venus, on sait que la terre est ronde et qu'elle tourne autour du soleil.

302   On joint par *ni* les termes semblables d'une proposition négative et les propositions négatives :

il n'est pas instruit ni modeste, on ne conteste pas que la terre soit ronde ni qu'elle tourne autour du soleil.

Seulement on se rappelle (278) qu'avec *ni*, dans une proposition, la demie négation *pas* ou *point* se supprime, ou se remplace par un autre *ni* : *il n'est instruit ni modeste, il n'est ni instruit ni modeste.*

303   Au lieu de répéter la préposition *sans* ou la conjonction *sans que*, on peut employer *ni*, en supprimant *et*, bien entendu :

elle a agi sans crainte et sans pudeur,	*elle a agi sans crainte ni pudeur,*
agissez sans qu'il le sache et sans qu'il le voie,	*agissez sans qu'il le sache ni le voie.*

304   On ne peut joindre par *ou* que des noms indivisibles :

trois ou quatre personnes ; en effet, entre trois et quatre il n'y a pas place pour une autre personne comme entre *dix à douze personnes. Trois ou quatre mètres* est correct, parceque les mètres sont divisibles par des centimètres.

Que sert à réunir un verbe dépendant à un verbe principal, que celui-ci soit exprimé ou sousentendu :

je crois que vous avez raison, je crains qu'il ne soit tombé, qu'à mes chants tout s'éveille!

à réunir les termes de toute comparaison :

il est plus aimable que beau ;

à faire éviter, quand on le juge convenable, la répétition de certaines autres conjonctions telles que *comme, quand, lorsque si, quoique :*

Si vous le voyez et s'il vous demande ma réponse, donnez-la lui;	si vous le voyez et qu'il vous demande ma réponse, donnez-la-lui;
quand il arriva et quand il eut vu les traces du crime, il sentit son cœur se briser;	quand il arriva et qu'il eut vu les traces du crime il sentit son cœur se briser.

à compléter les termes d'expension superlative, *si, tant, telle, tellement* :

je donnerai de si bonnes preuves, tant de preuves, de telles preuves, tellement de preuves que je gagnerai mon procès;

enfin à réunir les parties d'une inversion, établie avec *c'est* ou *il y a* :

c'est à vous que je parle, c'est être sage que se méfier des dévots; si elle le méprise, c'est qu'elle a eu à se plaindre de lui; il y a longtemps qu'ils sont partis.

Bien des gens mettent encore *que* à cinquante sauces, sans raison aucune, ou avec la raison de la 5ᵉ roue. Ce sont autant de fautes que le postulatum condamne ;

Ainsi au lieu de	Dites grammaticalement
quel plaisir que de revoir sa patrie,	quel plaisir de revoir sa patrie,
il ne laisse pas que d'être généreux,	il ne laisse pas d'être généreux,
si j'étais que de vous,	si j'étais à votre place,
qu'est-ce que c'est que ça (!!!)	qu'est cela,
peutêtre qu'il viendra,	peutêtre viendra-t-il,
sans doute qu'il viendra,	sans doute il viendra,
que si vous m'objectez,	si vous m'objectez,
c'a été une véritable fête que la distribution des prix,	la distribution des prix a été une véritable fête.

N'allez pas confondre les expressions barbares ci-dessus avec les éllipses où est supprimé le mot qui forme avec *que* une locution conjonctive :

venez que je vous dise (afin que);
ils sont arrivés, que le voleur était déjà loin (lorsque);
je n'irai pas, que tout ne soit fini (à moins que);
qu'il pleuve, ou qu'il neige (soit que).

Répétition des conjonctions

306 Les conjonctions *soit* et *soit que* se répètent toujours devant chaque terme :

soit qu'il parle, soit qu'il se taise ; soit adresse, soit protection divine, soit hasard, il frappa juste au but.

307 Il est peu régulier de remplacer le second *soit* par *ou*.

Les conjonctions *et, ou, ni* peuvent se répéter, selon le gout de l'écrivain, devant l'avant-dernier terme et voire devant chaque terme :

si j'étais roi, je donnerais l'empire et mon char et mon sceptre ; et le pauvre, et le riche, et le faible, et le fort, sont voués à la tombe ; souvent les amis ne sont que des convives ou des compagnons ou des complices ; vous périrez ou par les balles, ou de la fièvre, ou dans l'océan ; sa femme ni ses enfants ni la vie ne purent le retenir ; ni les honneurs, ni la richesse, ni la liberté ne satisfont l'homme qui souffre.

Suppression de *et*

La conjonction *et* se supprime

308 dans les énumérations des termes synonimes ou progressifs :

l'équipage suait, soufflait, était rendu ; les honneurs, la richesse, la vie ne sont rien près de l'éternité ;

309 quand une énumération de termes ordinaires est résumée par un seul mot :

tempêtes, privations, obstacles, rien n'arrêtait ces soldats ;

310 et avec les mots *autant, moins, plus, mieux*, mis en opposition :

plus on le caresse, moins il obéit ; plus on le frappe, plus il crie.

Différence entre quelques conjonctions et des expressions qui y ressemblent.

311 **Parceque**, en un seul mot, est la conjonction qui répond à *pourquoi* ; *par ce que*, en trois mots, équivaut à *par cela que* :

pourquoi avez-vous fait cela? parcequ'il m'a plu ; par ce que vous voyez, jugez du reste.

Cette orthographe est la plus rationnelle. A une idée simple de demande les Latins ont appliqué un mot simple *cur*; et nous avons fait nous aussi un seul mot de *pour* et de *quoi*; à l'idée simple de réponse ils ont appliqué le mot *quia*, nous devons donc aussi avoir le mot simple *parceque*. Cela est si vrai que nos pères écrivaient *parsque*; d'un autre coté je demanderai à ceux qui, écrivant en deux mots *parce que*, font une locution conjonctive semblable à *vu que, attendu que*, etc, dans quel dictionnaire ils ont trouvé le mot *parce* vivant isolément comme *attendu, vu*, etc. Si la locution conjonctive *parce que* n'existe pas, c'est donc la conjonction *parceque* qui existe, et existe isolément. *Pourquoi, enfant, as-tu fait cela?* — *Parceque. Cur?* — *Quia.*

Quand, conjonction, est synonime de *lorsque*; **quant à**, préposition, signifie *en ce qui vous regarde*: 312

quand vous viendrez, lorsque vous viendrez, Pierre sera pendu; quant à Paul, je lui fais grâce.

Ne remplacez jamais *quant à* par cette bouffonne périphrase *pour ce qui est de*. 313

Quoique, en un seul mot, est une conjonction synonime de *bien que*; **quoi que**, en deux mots, signifie *quelque chose que*: 314

quoique laid, il est aimable; quoi que vous lui disiez, vous ne le convaincrez point.

CHAPITRE X

DE L'INTERJECTION

L'interjection est un mot invariable qui exprime les cris spontanés de l'âme.

L'homme a trois cris, *a, e, o*, qu'il pousse dans toutes les circonstances, sous le coup des émotions les plus diverses, et dont parsuite l'intonation seule fait toute la différence. Quand les grammairiens ont voulu en fixer l'emploi, ils ont été amenés à les confondre par la multiplicité et la variété des exemples.

Ah ! ou *ha* !, *eh* ! ou *hé* !, *oh* ! ou *ho* ! sont donc les principales interjections.

On en distingue le sens au moyen de la phrase qui d'ordinaire les accompagne. Quant à leur orthographe, elle est facultative; je défie qu'on me trouve un Français capable d'établir de mémoire une différence entre *ah* ! et *ha* !

Les interjections réellement caractérisées sont ensuite :

aïe ! et *ahi* ! pour la douleur physique ;
bah !   l'étonnement mêlé de doute ;
chut !   le silence ;
fi !   le dédain ;
holà !   l'étonnement ;

ouf! pour l'ennui moral, l'étouffement physique ;
pouah ! la répugnance physique ;
ô le vocatif ;
hélas ! las ! la douleur morale ;
hein ! et mieux *ain !* (*aïs-ne*) pour pour l'interrogation.

Hors de là, tout cri, rendu par plus ou moins de consonnes, plus ou moins de voyelles, est une interjection.

Une foule de mots réguliers sont passés à l'état de véritables interjections :
allerte ! allons ! ça ! dame ! bravo ! tiens ! va ! diable ! tope ! baste ! Dieu ! malédiction ! tenez ! etc.

Il existe aussi quelques locutions interjectives :
hé bien ! ta ta ! oui da ! tout beau ! or ça ! hé quoi ! tudieu ! mordieu !

Notez qu'à l'exception de *ô*, toutes les interjections demandent le point d'interjection après elles. Les locutions interjectives ne le prennent qu'après le second mot.

Quand mes lecteurs feront faire une analyse grammaticale à leurs enfants, ils voudront bien s'y prendre de la manière suivante :
ah ! vous m'avez trompé. (Phrase à analyser)
ah ! : interjection.
Vous : pronom personnatif du 2ᵉ rôle pluriel, sujet du verbe *avoir*, etc.

Je donne ce conseil, parcequ'il y a des farceurs qui soutiennent que *ah !* est une proposition, principale, absolue, implicite, équivalant à *je suis étonné*. Et qui nous dit que *ah !* n'est point une proposition équivalant à *vous êtes un gredin !* Une interjection peut équivaloir à tant de choses !

> J'ai vu l'AGÉSILAS,
> hélas !
> Mais, après l'ATTILA,
> holà !

La France en est encore à se demander à quoi ce *holà !* équivaut.

POSTULATUM FRANÇAIS

Tout ce qui manque de clarté ou de logique n'est pas français.

Quand les anciens avaient terminé un livre, ils inscrivaient au bas de la dernière page *finis adjuvante Deo*; je n'ai pas eu l'honneur d'être aidé par la plus petite divinité, dans la confection de cette GRAMMAIRE, mais je sens que celle-ci a besoin du concours humain, pour se soutenir sur les flots qu'a chantés Horace.

J'espère que tous les gens de lettres daigneront me tendre une plume secourable.

J'ai attaqué monsieur Usage, ce grand lama des bons bourgeois, dont on adore même l'excrément : je suis un homme perdu.

Déja on est venu d'Arcadie pour me reprocher d'avoir innové, quand j'ai écrit *out* et *parsque*. Radoteurs qui ignorent qu'*out* est l'orthographe de La Fontaine, et *parsque* l'orthographe du xve siècle : des arcaïsmes ou des néologismes, des truites ou des aloyaux, c'est toujours de la volaille. Que ne me reprochera-t-on point, après l'apparition de la présente brochure.

Advienne que pourra. Ma définition de la grammaire, du tréma et de la cédille, ma théorie des adjectifs propres, ma règle des noms communs composés, ma division des verbes, ma règle des passés du participe, ma classification générale ne sont peut-être pas aussi mauvaises que MM. Prudhomme le diront.

Je jette un germe. Dans cent ans, lorsqu'on éprouvera irrésistiblement le besoin d'arrêter la décadence du français en le fixant, quelque génie surgira et il fera épanouir ma fleur de linguistique dans les parterres de chaque cité ; alors l'ombre du poète des Alpes-maritimes aura la joie qu'il n'a pas aujourdhui.

Je pousse le cri de guerre contre l'œ, l'y simple et le ch dur; ces trois intrus finiront par être honteusement chassés de partout.

J'ai le courage d'écrire des *pet-de-nonne* et non des *pets-de-nonne*, pour que l'étranger comprenne qu'il s'agit de beignets et non de petits bruits indécents. Là je serai probablement imité.

Mais j'ai aussi le courage de dire des *ails*, des *bails*, des *portails*, des *corails*, et de prononcer Michel-ange [1] à l'instar de Michel-arcange. Là j'ignore si je serai imité. J'ai vu des personnes qui, en m'oyant ainsi parler, levaient au ciel leurs yeux pleins d'une béate indignation.

Ce n'est pourtant l'affaire que de dix auteurs de bonne volonté : dix autres viendraient ensuite, puis vingt nouveaux, puis les journalistes, puis le public, puis les grammairiens et le tour serait fait. Jusqu'à présent les écrivains se sont contentés de critiquer ces quelques anomalies, sans oser les supprimer; osons, il faut bien que quelqu'un commence.

Ah! si j'étais, pendant deux semaines, ou Victor Hugo, ou Karr, ou Lamartine, ou Thiers, ou monsieur le ministre Duruy! comme serait vite exécuté ce redressement qui sourit aux esprits logiques et qui enthousiasme les étudiants; comme serait favorisée cette noble tendance d'épuration philologique qui se montre en Italie et en France; comme nous aurions vite cette langue parfaite que les siècles ont déclarée impossible!

Si...

Fallacieuse conjonction!

3 de novembre 1864

---

1. Voir, pour la démonstration de cette prononciation, mon récent TRAITÉ DES MAJUSCULES.

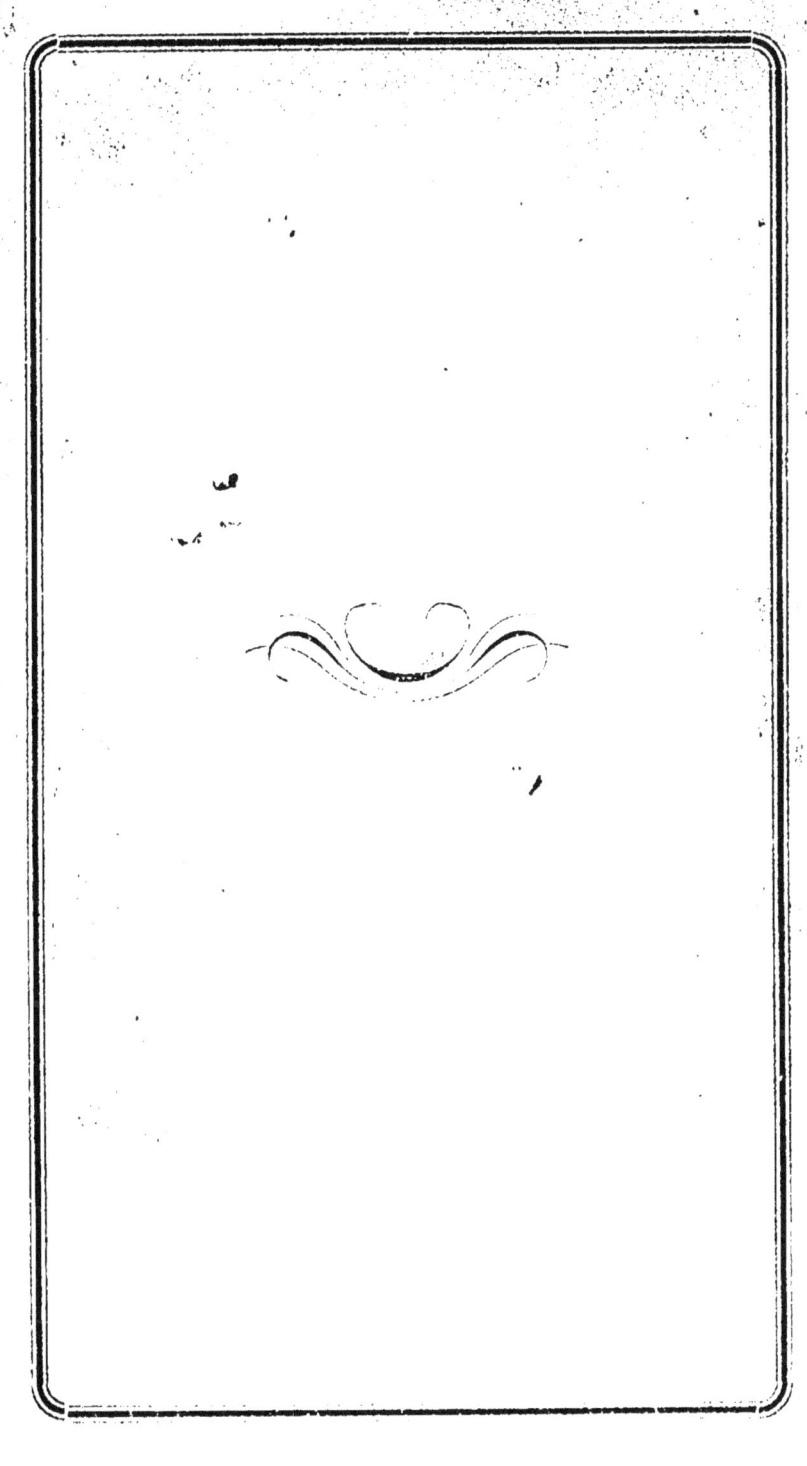

www.ingramcontent.com/pod-product-compliance
Lightning Source LLC
Chambersburg PA
CBHW070518100426
42743CB00010B/1863